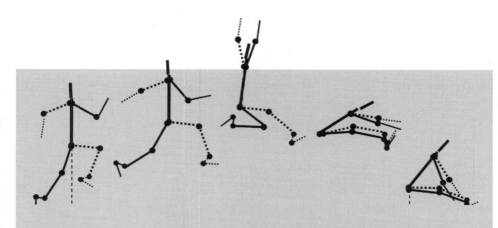

中学・高校
陸上競技の学習指導
「わかって・できる」指導の工夫

小木曽一之 編著
清水茂幸
串間敦郎
得居雅人
小倉幸雄
田附俊一

道和書院

関岡康雄先生に捧ぐ

はじめに

　就学前や小学校低学年の子どもたちは、走ったり、跳んだり、投げたりすることが大好きだ。ところが学年が上がるにつれて、体育の授業での陸上競技・陸上運動は、敬遠されるようになっていく。
　なぜ、そのようになってしまうのだろう。
　アンケート調査を見てみると、小学生から高校生にかけての子どもたちは、「運動を好きになる」要因として、まず「能力に関すること」、その次に「面白さに関すること」をあげている。つまり、「できる」「できるようになる」ことが、運動を「好きにする」最大の要因なのである（杉原隆『運動指導の心理学』大修館書店、2009年）。
　一方、「嫌いになる」きっかけもまた、「できない」「できなくて恥ずかしい」「上手くできなくて怖い」といった能力に関する要素が多い。

　陸上競技・陸上運動の学習では、児童・生徒（以下、「学習者」と呼ぶ）の生来の身体的な資質が、そのパフォーマンスに大きく影響する。つまりそれは、「できる／できない」の順位が変化しづらいということである。
　アンケート調査に見られるような、「能力に関すること」をどう取り扱うか。それが、子どもたちの学習への意欲や成果を左右するカギとなる。

　学校教育の段階で、「身体を動かすのが好き」な子どもを育て、生涯にわたって活動的な生活をしていく意欲や習慣を作ることは、とても大切である。それは、人間が生き生きと健康に暮らしていく土台となる。
　学習者が「面白い」「上手くできた」と思い、「もっとやりたい！」という動

機づけができる学習指導とはどのようなものだろうか。そして、学習者みずからが「なぜこうなるんだろう？」「どうすればいいのだろう？」というふうに、自分で課題を設定し、それを解決していくような学習の場を、どのように作っていったらいいのだろうか。

体育の学習指導では、次のような「場づくり」をすることが大切になる。

① 学習者が意識しなくても自然にその学習課題を解決していける場をつくること。
② 学習者がみずから、あるいは仲間と一緒に、学習の課題を見つけ出し、自らに問いかけたり、仲間と話し合いながら、工夫・修正しながら解決していく場をつくること。
③ 上の2つを組み合わせることで、「どのように身体を使えば、どのような結果になるか」を学習できるよう促していくこと。

中学校・高等学校では、このうちの②が学習過程の中心となる。各種目を楽しみながら、その特性を理解し、仲間とともに学習していく中で、様々な身体の動きを自らの技能として身につけていく。

しかし残念なことに、実際の授業は、単に記録を測る、競争をすることに終始してしまう傾向がある。特に、陸上競技・陸上運動では、先に触れたように学習者の身体的な資質が大きく影響するため、「速い者は速い」「遅い者は遅い」といった順位の固定化、技能差の固定化が見られる。記録を測ったり競争をさせたりするだけでは、学習者の意欲を低下させてしまう。

各種目の技術的な側面を、教師が一方的に「教えてしまう」ような授業も多く見受けられる。生徒にとっては受け身の学習過程となり、みずから考え、工夫し、修正していく能動的なプロセスになり得ない。

また、陸上競技のパフォーマンスが身体資質と密接に関係することから、

個々の能力を生かしながら学習を進めるというよりも、その体力水準を引き上げることばかりに目を向けてしまうことも多い。

　身体能力の高い／低いに関係なく、自己のもつ能力の中で、楽しみながら、最大限に能力を発揮していくこと。みずから課題を見つけ、主体的に動きの向上に取り組み、記録等を向上させる機会を増やすこと。教師・指導者にはそのような学習指導の工夫が要求される（関岡康雄『コーチと教師のためのスポーツ論』道和書院、2008 年）。

　本書は、体育授業の現場の教師や、これから教師になろうとする学生に向けて書かれている。中学校・高等学校の生徒に、陸上競技をどのように学習させていくのか、その見本となるような学習過程を、明確かつ具体的に示すことを目的とした。

　生徒たちが、かつては大好きだった「走る・跳ぶ・投げる」の運動を、生理学やバイオメカニクスの知識も踏まえた教師の指導によって、「わかって・できる」ようになり、全力を発揮することの清々しい気持ちや、自分の能力が向上していく喜びを味わえるようになることを目指して、どのようなパフォーマンス・レベルの学習者であっても、楽しみながら取り組める学習過程を具体的に示していく。

　第Ⅰ部は序論として、まず、これから指導をしていく学習者の運動を観察し、どのようにその動きの特徴を捉え、どのようにつまずいているポイントを把握するかについて、その方法を解説する。そして、そのような状態の学習者を、最終的に「わかって・できる」運動へと導くにはどうすべきか、その道筋も簡潔に示す。

　それを踏まえて、第Ⅱ部では、各種目ごとの解説を行う。競技の特徴、学習の目標、注意すべき課題、そして具体的な学習過程の組み立て方を解説していく。すぐにでも授業に取り入れられるような数々のドリル、具体的な実践例を

多数あげている。経験則だけではなく、科学的な知識をもとに授業を展開していけるように、種々のデータも示している。
　そして最後の第Ⅲ部では、学習の評価をどのように行っていくべきか、原則的な考え方を提示している。

　教師や、教師を目指す学生たちの多くは、みずからも競技者として、何年にもわたり陸上競技を行ってきた。その経験によってかえって、自分とは全く異なる感覚・能力を持つ子どもたちに、「能動的に」「楽しく」「全力で」学習を行えるような場をつくるのが難しい現状がある。陸上競技以外の競技が専門であった教師や学生にはなおさらだ。たとえ、身体運動の理論を十二分に学んできたとしても、である。
　本書が、そのような人々にとって、有益な手助けとなることを心から願っている。

目次

はじめに i

I　総論

総論 3

1　「運動」をどう捉えるか 3
　　（1）自然科学的なアプローチと人間科学的なアプローチ 3
　　（2）運動学習の段階を理解する —— 粗形態から精形態へ 5
　　（3）運動経験による能力の違いを理解する 5
　　（4）生得的な能力による違いを理解する 6
　　（5）運動能力の個人差を理解する 7
　　（6）「一過性」「一回性」の身体運動 8
　　（7）指導者の技術・コツと学習者の技術・コツ 9
　　（8）課題の解決と、運動パフォーマンスの発達の過程 11

2　「学習の道筋」をどう捉えるか 14
　　（1）学習の目的 14
　　（2）指導者の関わり方 16
　　（3）学習の内容 19
　　（4）目標の設定 20
　　（5）場の設定 22
　　（6）学習の方法 22
　　（7）導入段階の注意点 23
　　（8）学習のマネージメント 24

II　種目別指導法

歩行運動　27

1. 基礎知識　27
   - （1）学校教育における歩行運動　27
   - （2）歩行運動のキーワード　28
   - （3）歩行運動の特性　29
     - 1）走運動と比べての利点　29
     - 2）望ましい歩行動作　30
2. 学習の目的と具体的な技能の目標　32
3. 「わかって・できる」指導の工夫　33
   - （1）指導のポイント　33
   - （2）さまざまなドリル　35
     - 実践1──姿勢を整える
     - 実践2──動作のポイントを意識しながらのウォーキング
     - 実践3──効率のよい歩行動作を習得するウォーキングドリル
     - 実践4──ウォーキングのポイントを意識したランニング
     - 実践5──歩行動作の違いに気づく
4. 評価　37

短距離走・リレー　39

1. 短距離走　39
   - （1）基礎知識　39
     - 1）学校教育における短距離走　39
     - 2）力学的・生理学的特性①──疾走スピード　39
     - 3）力学的・生理学的特性②──疾走動作　40

　　　　4）エネルギー代謝からみた特性　46
　　　　5）発育発達からみた特性　48
　　（2）学習の目的と具体的な技能の目標　49
　　（3）導入段階での留意点　53
　　　　1）電気計時と手動計時　53
　　　　2）タイムの計測方法　54
　　　　3）「ゴール」の定義　55
　　（4）短距離走が「わかる」指導の工夫　55
　　　　　　実践1──自分の動きを測定する
　　　　　　実践2──「走りやすい条件とは何か」を探る
　　（5）短距離走を「わかって・できる」指導の工夫　59
　　　　　　実践3──加速の大きさと身体の傾きが連動していることを知る
　　　　　　実践4──疾走スピードにともなって動作が変化することを知る
　　　　　　実践5──どのような姿勢がスタートからの加速を生むのかを知る
　　　　　　実践6──ストライドとピッチの変化を意識的に行えるようにする
　　（6）短距離走を「全力で楽しく学ぶ」指導の工夫　63
2　リレー　67
　　（1）基礎知識　67
　　　　1）学校教育におけるリレー　67
　　　　2）リレーの特性　67
　　　　3）テイク・オーバーゾーンとブルーゾーン　68
　　　　4）バトンパスの技術　69
　　（2）学習の目的と具体的な技能の目標　76
　　（3）リレーを「わかって・できる」指導の工夫　76
　　　　　　実践1──ウォーミングアップ──ねことねずみ
　　　　　　実践2──ダッシュマークの距離を決める追いかけっこ走
　　　　　　実践3──2×50mリレー
　　　　　　実践4──2人で100mリレー
　　　　　　実践5──スウェーデンリレー
　　　　　　実践6──ワープリレー
3　短距離走・リレーにおける教師の関わり方　81
4　評価　83
　　　　1）短距離走における「速さ」の評価　83
　　　　2）リレーにおける「速さ」の評価　84
　　　　3）「動きへの気づき」の評価　84

ハードル走　87

1. 基礎知識　87
    - （1）学校教育におけるハードル走　88
    - （2）ハードル走の5つの運動局面　89
        - 局面1　スタート動作　89
        - 局面2　助走　90
        - 局面3　ハードリング　90
        - 局面4　インターバル　95
        - 局面5　最終ハードルからゴールまで　95
    - （3）ハードル走に必要とされる体力要素　95
2. 学習の目的と具体的な技能の目標　97
3. 「わかって・できる」指導の工夫　99
    - （1）ハードル走の技術を向上させるドリル　99
        - 実践1──振上脚の練習
        - 実践2──抜き脚の練習
        - 実践3──歩行でのハードルドリル
        - 実践4──1歩跳びでのハードルドリル
        - 実践5──抜き脚引き出しドリル
    - （2）ハードル走を「わかって・できる」指導の工夫　104
        - 1）インターバル距離の決定と練習　104
        - 2）ハードリングの練習　106
        - 3）アプローチの歩数の決定と練習　106
    - （3）ハードル走を「楽しく学ぶ」指導の工夫　108
        - 実践6──シンクロ走
        - 実践7──リレー走
        - 実践8──ハンディ走
        - 実践9──タイム申告走
4. 評価　110
    - 1）チェックシートを用いた主観的評価　110
    - 2）短距離走のタイムとハードル走のタイム差による客観的評価　112

長距離走　113

1. 基礎知識　113
    - （1）学校教育における長距離走　113
    - （2）長距離走のキーワード　113
    - （3）長距離走の特性　113
        - 1）エネルギー代謝からみた特性　115
        - 2）筋収縮からみた特性　118
        - 3）発育発達からみた特性　119
        - 4）走動作の特性　120
            - 実践1──その場での腕振りからゆっくりしたジョギングにつなげる
            - 実践2──姿勢づくりから走りにつなげる
        - 5）学習材としての特性　125
2. 学習の目的と具体的な技能目標　127
3. 「わかって・できる」指導の工夫　128
    - （1）ペース走──一定のペールを設定して走る　129
        - 実践3──心拍数・RPEを測定する
        - 実践4──ラップ‐スプリットタイム表を作成する
        - 実践5──走速度、ピッチ、ストライドを測定する
    - （2）高強度ランニング──速く走る、競走する　133
        - 実践6──タイムトライアル
        - 実践7──ミニ駅伝
        - 実践8──リレーマラソン
        - 実践9──チームパシュート
    - （3）低強度ランニング──ゆっくり長く走る　136
        - 実践10──LSD（Long Slow Distance）
    - （4）学習の留意点　137
4. 評価　138

跳 躍　141

1. 基礎知識　141
   - （1）学校教育における跳躍運動　141
   - （2）跳躍運動の特性　142
       - 1）5つの運動局面　142
       - 2）生理学的・力学的な特性　143
       - 3）各種目の特徴　151
2. 学習の目的と具体的な技能の目標　156
3. 「わかって・できる」指導の工夫　158
   - （1）走幅跳　158
       - 実践1——身体の使い方が跳躍距離に影響することを理解する
       - 実践2——踏み切って着地するまでの運動感覚を得る
       - 実践3——踏み切り時の腕の役割を理解する
       - 実践4——重心を落としながら踏み切りに入る
       - 実践5——自分に合った助走距離を見つける
   - （2）走高跳　166
       - 実践1——助走の効果を知る①距離、スピード、リズム
       - 実践2——助走の効果を知る②バーまでの走る角度を変える
       - 実践3——サークル走とスラローム走
       - 実践4——真上に高く跳びあがるための踏み切り準備
       - 実践5——背面跳びの導入練習
   - （3）三段跳　171
       - 実践1——いろいろな連続跳躍でリズムの楽しさを知る
       - 実践2——積極的な踏み切りと全身の先取り動作
       - 実践3——いろいろな連続跳躍で記録を測定する
   - （4）指導者の関わり方　174
4. 評価　176
   - 1）「跳躍距離」の評価　176
   - 2）「動き」の評価　177
   - 3）「動きへの気づき」の評価　178

投てき 179

1 基礎知識 179
（1）学校教育における投てき 179
（2）砲丸投げとやり投げの特性 180
1）技術の特性 180
2）発育発達からみた特性 181

2 学習の目的と具体的な技能の目標 181
（1）砲丸投げ 182
（2）やり投げ 183

3 砲丸投げを「わかって・できる」指導の工夫 184
（1）全身を使って砲丸を「突く」感覚を得る 184
実践1──立ったままボールを突く・引く
実践2──脚を使って砲丸を投げるパワーポジションを習得する
実践3──壁に向かってボールを突き出す
（2）脚や体幹のひねりを使う 187
実践4──脚や体幹のひねりと飛距離の関係を確認する
（3）テニスボールを使って「突く」動作を学習する 189
実践5──「突く」動作
（4）ステップとグライド 192
（5）砲丸投げ競争と記録測定 194
1）公式ルール 194
2）同時に複数人が記録測定を行う場合 195

4 やり投げを「わかって・できる」指導の工夫 197
（1）短い助走からやりを前方にまっすぐ投げる学習 197
1）腕を大きく動かす 197
実践1──地面や床にテニスボールを投げる
実践2──壁にテニスボールを投げる
2）やりを保持する 198
3）立ち投げでやりを前方にまっすぐ投げる学習 201
実践3──的当てゲーム
実践4──やりの飛び方・落ち方と投動作の関係を理解する

4）短い助走からやりを投げる　204
　　　　　　実践5──やりの助走練習①正面向き
　　　　　　実践6──やりの助走練習②飛行機
　　　　　　実践7──やりの助走練習③やりを持つ
　　　5）やり以外で、やり投げ動作を学習する　207
　　　　　　実践8──やり以外での練習
　　(2) やり投げ競争と記録測定　208
　　　1）公式ルール　208
　　　2）学習者の人数が多い場合の記録測定　209
5　評価　209
　　　1）砲丸投げの学習評価　210
　　　2）やり投げの学習評価　211

Ⅲ　学習の評価

学習の評価　215

1　評価の目的と方法　215
2　評価におけるフィードフォーワードとフィードバック　216
3　絶対評価、個人内評価、相対評価の組み合わせ　219

資料　中学校学習指導要領（平成20年）　225
　　　高等学校学習指導要領解説（平成23年）　227

引用・参考文献　237

I
総論

総論

1 「運動」をどう捉えるか

(1) 自然科学的なアプローチと人間科学的なアプローチ

　学習者の身体運動を理解するためには、①運動を外部から観察し、②その運動の結果を、客観的に、あるいは客観的な数値として力学的・生理学的側面から理解したうえで、③学習者自身が感じたであろう運動感覚や意識の面と結びつけて、分析することが必要になる。

　しかし実際には、力学的・生理学的なデータのみが重視されたり、逆に、指導者の固有の感覚だけが重視されることが多い。

　データのみを重視する場合、生徒ひとりひとりの内面の意識や感覚は考慮されず、客観的なデータのみで運動の良し悪しを評価し、他者と比較しようとする。しかし、たとえ同じ運動であったとしても、それに対する意識や運動感覚はひとりひとり異なる。ある学習者に有効な方法が、他の学習者に有効であるとは限らない。そのため、能力の高い者の動きを模倣させるだけでは、運動技能は向上しない。指導者自身が同じ運動を行った時に感じた「どうすれば上手くいくのか」「どうすれば失敗するのか」という運動感覚をもとに、学習者の運動感覚に「共感」して考えていくことが不可欠である。そうでなければ、その身体の形態、運動能力、理解度が指導者とは異なる学習者に、向上を目指した助言を与えることはできない。

　一方で、動きや速度などの客観的なデータを無視し、精神力や感覚だけに頼

る風潮も見られる。「気迫」「相手に向かう気持ち」「限界に挑む雰囲気」という精神面だけがことさら強調されたり、「俺ができたのになぜできない」というような、指導者が自分の感覚だけを頼りに、学習者の意識・感覚の違いを理解しようとしない風潮である。

　学習の場では、客観的なデータと、学習者ひとりひとりの運動感覚とが相容れず、独立した形で存在していることもよく見られる。学習者それぞれの身体運動を理解するには、彼らの運動感覚に共感し、その感覚と、力学・生理学に基づく客観的なデータを融合させて、比較していく必要がある（図1）。

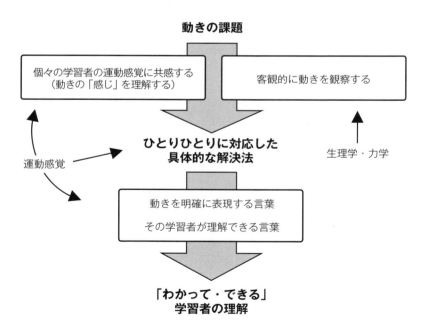

図1　学習者の課題を解決するための指導者の役割

（2）運動学習の段階を理解する——粗形態から精形態へ

　新しい運動を習得しようとする時、誰でも感じることだが、身体というものは「思い通りに動かない」「むだに力が入る」「失敗が多い」。運動の学習とは、このような初期段階から、荒削りでも「何とかできる」段階（粗形態）、そして「意識して動かせる」「少ない力でスムーズに動かせる」「成功する確率が高くなる」段階（精形態）へと発展させていくことである。そして最終的には、何も意識しなくても質の高い動きができる、自動化の段階へと上達させる取り組みである。

　しかし、人間の身体の形態や運動能力は、顔がひとりひとり違うように、それぞれ大きく異なる。特に子どもは、その時点での発育発達状況の違いに加えて、成長してきた生活環境や遊びの中で習得してきた運動要素、それに基づく運動感覚、運動リズムなどの違いによって、運動能力が大きく左右されてしまう。そのため指導者は、学習者ひとりひとりに応じたサポートをしていかなくてはならない。

（3）運動経験による能力の違いを理解する

　学習過程では、学習者に自分の動きを意識させ、目標とする動きを試行錯誤の繰り返しの中で習得させていく。しかし、その過程は、それ以前に得られた運動経験に大きく影響される。なぜなら、新しい動きが習得できるのは、それまでに経験し、習得してきたさまざまな運動感覚の中から、類似した運動感覚を組み合わせ、新しい動きに必要な運動感覚を得た時に初めて可能になるからである。

　したがって、神経系が大きく発達する中学生までの段階でいかに多くの運動を経験させておくかが、非常に重要な問題となってくる。同時に、学習の初期段階において、①目標とする動きに運動感覚が類似していて、かつ②学習者が

それまでに経験してきたより簡単な動きを取り入れることは、上達の大きな足がかりになるだろう。

　さまざまな動きの中で得られた運動感覚は、他者がどのような感覚で運動を行っているか、すなわち他者の運動感覚に「共感」できる可能性を高める。新たに見た他者の動きを、より早く、自分のものとして実感できるので、習得が容易になるのである。小学校の高学年頃から見られる「新しい運動が突然できるようになる（上達する）」現象は、このためである。

　新たな運動技能を獲得したり、向上させる上で、さまざまな運動感覚をもっていること、そしてそれをもとに他者の動きに共感し、自分の感覚として取り入れられることは非常に重要である。学習者それぞれの運動感覚や共感能力には、生活習慣や運動習慣の違いが大きく関わっている。指導者は、学習者がさまざまな運動感覚や共感能力を身につけられるように、また、これまで身につけてきた運動経験や共感能力を引き出せるように、多角的に運動刺激を与えられる学習内容を工夫する必要がある。

（4）生得的な能力による違いを理解する

　運動能力は、運動経験などの環境的要因とともに、生得的な要因にも大きく左右される。例えば、筋線維のZ膜をつくるタンパク質で、大きな力を急激に発揮できる速筋線維のみで発現するα-アクチニン3（ACTN3）は、オリンピックレベルのパワー系種目の競技者では、その遺伝子型（RR型：RX型：XX型）がRR型とRX型でほぼ占められる。この結果は、パワー系種目では、RR型かRX型をもつことが必要条件になりうることを示している。もちろん、ACTN3の他にも、インスリン様成長ホルモン遺伝子やマイオスタチン遺伝子などが筋力の大きさに影響する。身体能力は1つの遺伝子型で決定されるわけではなく、多くの遺伝子型の複合結果なのである。しかしACTN3の遺伝子型の調査からわかった結果は、「スプリンターは作られるものではなく、生まれるものである」といった言葉があながち間違ってはいないことを示

している。

　遺伝的要因による能力の違いは、スプリントやパワー系種目だけに見られるわけではない。持久的能力を左右すると考えられているアンギオテンシン変換酵素（ACE）遺伝子（II型：ID型：DD型）もまた、優れた登山家の場合、II型かID型が多い。持久的なトレーニング効果も、II型のACE遺伝子をもつ人で明らかに高くなる。ほかにも、HIF遺伝子やAMPD1遺伝子などが持久的能力に関わっていると考えられており、持久的な能力もまた生得的な要因に左右されるのである。

　こうした生得的な要因は、学校教育の現場でもうかがい知ることができる。小学校低学年で足の速い子どもは基本的にその後も足が速く、遅い子どもはその後も遅い傾向にある。指導者が学習指導の場で直面する、「できる子どもは特別なことをしなくてもできてしまう」、反対に「できない子どもは何をしてもなかなかできない」という現実もまた、運動能力の生得的な要因に由来するものだろう。

（5）運動能力の個人差を理解する

　遺伝的・環境的要因が運動能力を左右するという現実は、ひとりひとりの運動の能力・感覚が異なって当然であることを示している。そのことは、たとえ同じトレーニングを行っても結果は異なり、同じ模範演技を見ても、その捉え方や自分への生かし方が異なることを意味している。

　陸上競技のトレーニングで見られる技術練習は、「個々の違い」を認識できる代表的な事例である。たとえば、走り方の技術練習であるスプリントドリルでは全員が一糸乱れぬ同じ動きをしていても、いざ走りだしてみると、ひとりひとり全く異なる走り方をすることが多い。またスキーなどの雪上運動で、上級者の形を真似ているつもりでも、上手く滑れなかったり転倒したりしてしまうことは、多くの人が経験していることだろう。これは、個々の特性を無視し、表面上の「形」だけを模倣しているからである。われわれは、どれだけ憧れて

もウサイン・ボルトになることはできない。自分は自分でしかないのである。

(6)「一過性」「一回性」の身体運動

　人間の運動は、機械のように正確で完全な再現性をもつことはできない。その代わりに、環境の変化に対して柔軟に対応することができる。身体運動のパフォーマンスに大きな影響をもつ肩や股関節は球関節であり、どの方向にも四肢を自在に動かすことができるが、その分、正確にコントロールすることは難しい。したがって、同じ動きをしても、そのパフォーマンスは1回1回異なってしまう（一過性もしくは一回性）。競技力の高い競技者は、何度も同じ動作を正確に繰り返すことができるように思われるが、それは1回ごとのずれ幅が小さく、再現性がより高くなるだけである。

　運動学習では、そのように1回1回、結果の異なる運動時の運動感覚を学習者に感じさせ、結果と運動感覚とを結びつけていく。学習ノートなどを活用して、運動感覚とそれに伴う運動結果を、言語化あるいは図式化して整理していくことは非常に大切である。

　時折、競技の現場で「失敗したことは忘れろ」と指示する指導者がいるが、それは望ましいことではない。良い結果であれ悪い結果であれ、その時どのような感覚で行ったのか、その結果はどうなったのかを認識し、運動感覚と結果を結びつけておくことが、学習者の次のステップにつながっていく。

　指導者は、見るたびに異なる学習者の「一過性」「一回性」の運動を観察し、共感しながら、その動きの特徴を捉えなければならない。毎回、少しずつ異なる動きの中から共通項を見出し、学習者それぞれの特徴を捉える作業は簡単ではない。しかし、学習者の本質的・特徴的な動きに、運動感覚をもって共感し、自分自身の運動として感じなければ、学習者の動きを理解することはできない。そのため指導者自身が、対象とする運動を経験し、その時に得られた運動感覚やその運動を行うコツを知っておくこと、そしてその運動に関する力学的・生理学的知識をもっていることが重要になる。力学や生理学の知識は、

動きの本質を見出す手助けをしてくれるし、その修正の方向も明確にしてくれる（図2）。

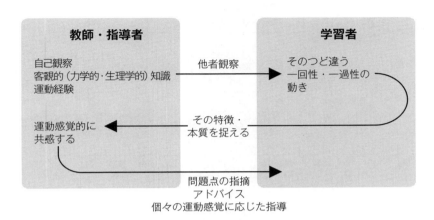

図2　学習者の動きを理解する

（7）指導者の技術・コツと学習者の技術・コツ

　指導者は、学習者の「一過性」「一回性」の運動を観察し、その本質や特徴を捉え、客観的知識や自分自身の運動経験に基づき、その運動の問題点を運動感覚的に把握しなければならない。自分の立場から客観的に運動を眺めているだけでは、学習者の運動を理解することはできない。

　その基盤となるのは、指導者自身が運動を行う中で獲得してきた独自のコツあるいは技術的ポイントである。しかし、それはあくまで指導者自身の技術・コツであり、一般的・普遍的なものではない。指導者が学習者に対し、動きの問題点や修正方法についてフィードバックや助言をするためには、自分自身の技術やコツを、多くの人が理解できる一般的な技術やコツと融合させ、学習者それぞれがもつ運動感覚に照らし合わせて、学習者が理解できる感覚的な言葉で伝えなければならない（図3）。

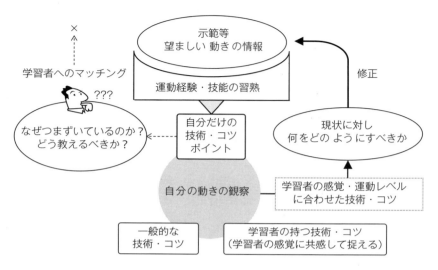

図3 「自分だけのコツ」「学習者の持つコツ」「一般的なコツ」の融合

　たとえば、「動きのリズム」を修正する場合、学習者がいま運動しているリズムと、その運動がもつ固有のリズムとを比較し、そのズレを運動感覚的に把握することが求められる。その上で、学習者自身がもつ固有なリズムを尊重しながら、運動に必要な動きのリズムを刻めるように修正していかなくてはならない（図4）。

　学習者はひとりひとり固有のリズムをもつ。個々のリズムを無視したリズムの形成は、間違いなくそのパフォーマンスを低下させる。例えば、長距離走で走効率を最も高くする条件は、個々のリズムに応じた自由なストライドとピッチである。学習者の動きを一般的な技術・コツに合わせるのではなく、学習者それぞれがもつリズムや運動感覚の中に、一般的な技術・コツを溶け込ませていくことが極めて重要になる。

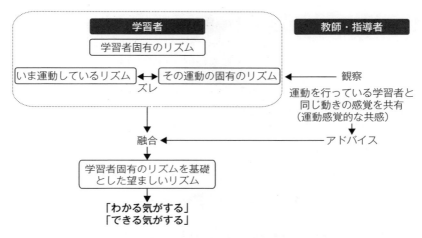

図4　学習者の特性に合わせた動きのリズムの修正法

（8）課題の解決と、運動パフォーマンスの発達の過程

　学習者が、運動の目標達成を目指して必要な課題を解決していくためには、他者の動きを観察したり（他者観察）、指導者からの助言を受けて、自己を観察する中で、「どうしたらできるのか」「こうしたらどうだろう」といった試行錯誤を行うことが必要となる。それが最終的には、意識しなくても効率よく動くことができる「自動化」へとつながっていく。しかし、自身の運動感覚と実際に生じた動きとを照らし合わせて、より良い動きへと修正していくには、長い時間を必要とする。そして、どれだけの時間を必要とするかは、学習者によって大きく異なる。したがって指導者は、学習者がより良い動きを見出していく試行錯誤の時間を、根気強く待つことも重要になる（図5）。

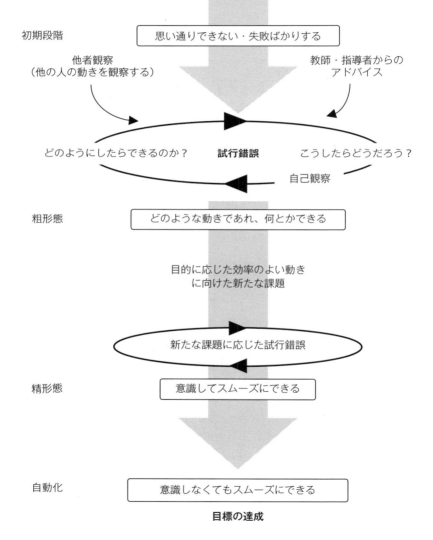

図5　学習者自身がとる運動課題の解決過程

身体運動のパフォーマンスは、①技術、②身体資質（体力）、③意欲という3つの要素から生み出される。そのうち、技術の発達には、その技術を使うことができる体力が必要となる。それゆえ、トップアスリートに見られる技術を学習者にそのまま押しつけることはできないのであり、それはケガ等にもつながってしまう。

　技術の発達は、一般的には体力が発達し、それに見合うだけの技術が発達していくという、らせん状の経過を示す。しかし、試行錯誤を通した課題解決と同様に、この経過にもまた多くの時間が必要とされ、学習者それぞれでその時間は異なる。したがって、指導者は、学習者の身体技能を適切に向上させていくために、学習者の発達時間を待つことも要求され、また、その発達段階に適した助言を与えることが必要となる（図6）。

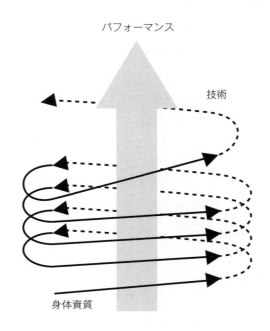

図6　身体運動のパフォーマンスの発達過程
技術の発達は、その必要条件となる身体資質の発達にしたがって生じる

2 「学習の道筋」をどう捉えるか

(1) 学習の目的

　幼稚園・保育園そして小学校低学年の子どもたちは、走ったり、跳んだり、投げたりすることが大好きである。子どもたちから「かけっこしよう」「競争しよう」と言われた人は多いだろう。しかし中学生や高校生になるとなぜか、走ったり、跳んだり、投げたりするのが嫌いになってしまう。では、大好きだった「走・跳・投」の運動が、器械運動と並んで不人気な種目になりさがってしまうのはなぜだろうか。

　図7は、子どもたちが運動を「好き」になったきっかけと「嫌い」になったきっかけを示している。好きになった一番のきっかけは「能力的にできる」こと、一方、嫌いになったきっかけは「怖い」こと、そして「能力的にできない」ことである。この「怖い」については、「できないから怖い」、すなわち「能力的にできない」ことに強く関連するため、結局、「運動ができるか／できないか」が好き嫌いに大きな影響を及ぼしている。

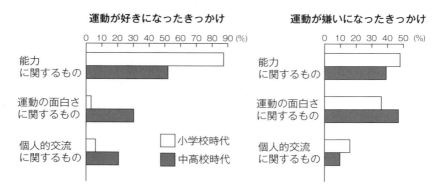

図7　運動が好きになったきっかけ、および嫌いになったきっかけ（杉原,2003）

残念ながら、「走る、跳ぶ、投げる」といった基本的な身体運動は、ひとりひとりの身体資質に大きく影響される。「足の速い子どもはずっと速く、足の遅い子どもはずっと遅い」のが現実である。もしも「速い／遅い」「遠くに跳べる／跳べない」「遠くに投げられる／投げられない」という結果だけを評価の基準にして、「競技」としての側面だけを求めれば、学習時における順位はほぼ確定し、学習者の意欲は低下してしまう。

　現在、運動不足に起因する生活習慣病が急速に増加している。子ども時代に、「運動は嫌い」「運動は面白くない」と思わせてしまうと、その子どもは一生、運動から遠ざかってしまう可能性が高い。それは将来、その子どもの健康に大きな影を落とすことにもなる。それゆえ、身体運動に関わる指導者は、予防医学の側面からも、子ども達の健康に大きな責任をもつことを自覚しなければならない（図8）。特に「走・跳・投」の運動は、すべての運動の基礎をなす。球技であろうと格技であろうと、それは変わらない。したがって指導者は、走・跳・投の運動を「楽しく」「積極的に」「技能が向上する」よう取り組

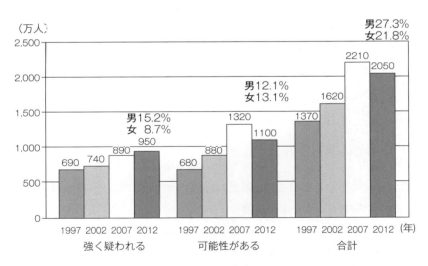

図8　糖尿病が「強く疑われる」「可能性がある」そしてその合計数の推移
棒グラフ上の男女の割合は、2012年の全国民に対する割合を示す（厚生労働省「2012年 国民健康・栄養調査」より）

ませるために、どのような学習の「場」を設定するのかについて考えなければならない。そして、さまざまな能力の学習者に「生涯にわたって楽しく、積極的に運動に携わっていく」基礎を作らせる必要がある。

これらのことから、身体運動を学習する目的は以下の通りとなる。

① 生涯にわたって、積極的に楽しく運動に関わることができる基礎（運動が楽しめる、運動に取り組める、運動を継続できる等）を作る。
② どのような感覚でどのようにすれば、身体はどのように動くのかを理解し、身体を思い通りに動かすことができる。

このことは、学習の中で身につけた運動技能を基礎とし、生涯にわたって、さまざまな身体活動に積極的に楽しく参加できる、健康で活き活きとした人間を作ることを意味している。

このような目的を達成するため、中学校・高等学校における体育授業では、各種のスポーツが取り上げられる。スポーツは、単に身体を動かすだけではなく、安全性を確保した上で、それぞれの種目のルールにのっとり、それに必要な技術やマナーが求められる。陸上競技の学習も同様で、定められたルールの中で、目標とされた技術やマナーを達成しながら、いかに上記の目的に近づけるかが重要になる。

（2）指導者の関わり方

身体運動に関わる指導者は、運動の特性やその取り組み方を把握している「学者」、学習者の健康状態の観察やケガなどへの対応ができる「医者」、そして学習者の動機づけや学習への積極性を高める雰囲気を作る「役者」という3つの「者」の役割を果たさなければならない。

特に、「役者」としての役割は重要で、指導者の言動は、学習への関わり方に大きな影響を与える。たとえば、用具を使用する場合、「これをどうやって

使うと思う？」など、その用具に興味をもたせる「演技」をすることが学習への動機づけを高める。指導者のより大げさな、笑いを誘うような働きかけこそがスポーツの学習には重要である。

学習者の「スポーツ学習に対する評価」は、「楽しく一生懸命取り組めた学習活動がいかに長かったか」に大きく影響される。これは、学習時における指導者の説明・指示または移動などのマネージメント行動が少なく、学習者の活動時間が多いことが評価につながることを意味する。そのため、指導者は下記ような工夫をすることが大切である。

① 言葉を整理し、簡潔かつ明確に必要事項を学習者に伝える。
② 活動時間が減少しないよう、待機・移動時間を少なくする工夫をする。

指導者が長々と話したり、活動時間よりも待機時間のほうが圧倒的に多かったりするような状況は、学習者の意欲や、「しっかりと学ぶことができたか」についての評価を大きく下げてしまう。

指導者は「主役」ではない。主役はあくまで学習者であり、指導者は彼らが効果的に学習を進めるためのサポート役である。「指導」とは、学習過程を促進するために、学習者への直接かつ間接的な働きかけを意味する。指導者が一方的に答えを教えたり、何かを行わせたりするのではなく、学習者みずからが考え、試行錯誤しながら答えを見つけていくための「ヒントを与える」作業が、指導者の最も重要な仕事といえる。

「一方的に答えを教える」ことは、非常に楽な方法である。その課題に到達したかどうかも容易に判断できる。しかし、それでは、スポーツの学習に必要な「学習課題を解決するための身体の使い方を、自分自身の身体と会話しながら見つける」過程を奪ってしまう。学習の中で「身体と会話する」すなわち「ある結果に対する運動感覚を得る」ことは、さまざまな身体活動を適切に行っていく上での財産（運動財）となる。そこには当然、試行錯誤をする時間が必要である。指導者は、早急な結果を求めるのではなく、この時間を「待

つ」ことが必要である。

　学習者自身による積極的で効果的な学習を引き出していくためには、指導者が積極的に巡回して、彼らを観察しながら、積極性を高めるための賞賛や励ましなどの声かけ、課題解決のためのフィードバック、助言あるいは発問などを行っていかなければならない。そこでは、

　　① 必要な運動技術の要点（コツ）を明確にしたわかりやすい簡潔な言葉
　　② 技術的な課題の発見につながる学習者自身の思考を隆起させるための
　　　 適切な発問

といった、個々の学習者の状況に応じた適切な働きかけを「肯定的」に行う必要がある。たとえ、課題に対して上手くいっていなかったとしても、「全くだめだな」などといった否定的な声かけをしてしまうと、学習者の動機づけを著しく低下させてしまう。「今は上手くいっていないけれど、○○を直したら上手くいくと思う」などといった、肯定的な声かけや助言をすることが、学習者をより積極的な方向に向かわせることになる。

　同時に、指導者は、学習者同士の助言・励まし・補助といった肯定的な関わりを生み出す働きかけもする必要がある。そのためには、「速いから良い」「速くないから良くない」という価値基準ではなく、

　　① 人それぞれ顔が異なるように、個々の学習者には運動能力の得手・不
　　　 得手がある
　　② 各々の学習者が各々の能力を向上させることが最も重要である

といったことを学習者たちに認識させておかなければならない。この基盤がなければ、「A君は上手だからいいけど、B君は上手じゃないからだめだ」といった否定的な側面が強調されてしまい、学習者同士の肯定的な関わり合いは生まれない。

個々の特性を認識し、尊重することは、技能の低い学習者が技能の高い学習者から助言等を受け、「ああ、そうか」といった気づきにつながるだけではない。技能の高い学習者にとっては、技能の低い学習者が「なぜできないのか」を考える中で、自分をより深く見つめる機会となる。また、技能の低い学習者が上達した時には、努力や頑張りの大切さを、技能の高い学習者が実感する機会ともなる。その結果、学習者の相互作用が生まれ、笑いや歓声に満ちあふれた学習過程が生み出される可能性も高くなる。

(3) 学習の内容

陸上競技の学習では、学習者みずからが安全に留意し、与えられたルールの中で、各種目の技術やマナーを学ぶ。ただし、正式な競技ルールである必要はない。学習目標をより効果的に達成していけるように、学習者の技能レベルに応じてルールを修正するとよい。

たとえばハードル走の場合、疾走能力や体格の違いにより、正規のハードルの高さやインターバル、アプローチでは、素早く、良いリズムでハードルをクリアできない学習者が多く現れる。これでは、「速く走りながら、素早く、安全に、効率よくハードルを跳び越える」というハードル走本来の特性を味わえないばかりか、ハードル走そのものが苦痛に感じられてしまう。したがって、ハードルの高さ、インターバル、アプローチは、各々の学習者がその特性を味わうことのできる条件に変更すべきである。ルールは、技能の向上に伴い、正規のものへと近づけていけばよい。

また、仲間の動きやビデオなどを見て動きの「形」だけを模倣しても学習にはなり得ない。学習者の身体特性はひとりひとり異なり、その動きもそれぞれ違う。個々の学習者の運動感覚に基づいた効率のよい「動き」が必要であり、他者の形の模倣では、その動きを獲得することはできない。なによりも、陸上競技の「速く」「遠く」「高く」といった本質を置き去りにした「形」だけの模倣はあり得ない。ハードル走であれば、「速く走りながら障害物を越える」た

めにはどう身体を使うべきかを考え、工夫することが学習の内容となる。

　なお、限られた学習時間の中で、体力要素を向上させ、新しい技術を獲得することは容易ではない。その時点で学習者それぞれの能力を生かしつつ、楽しみながら少しずつ技能を高めていく学習内容が望まれる。「筋力や持久力を高める」ことに主眼を置いたトレーニング的な体育授業は、学習効果が上がらないばかりか、学習者の動機づけも低下させてしまう。

（4）目標の設定

　スポーツの学習を進めるにあたり、学習者には目標を明確に提示する必要がある。単に、「運動を行っている」だけでは学習にはなり得ない。学習目標は、個々の技能レベルに応じて変更し、目標達成の上での大きな困難や失敗がなるべく少なく、成功経験を多くできるような、「少しだけ難しい」達成可能な課題とする。学習者の技能レベルとかけ離れた目標は、難しすぎても、容易すぎても、動機づけを低下させてしまう。

　体育授業における学習目標には、学習するスポーツ種目に特有の、具体的な目標と、その種目を通して得ようとする普遍的な身体運動に関する目標がある。競技力向上を第一目的とする競技スポーツでは、それに特有な技術・体力を向上させ、そのパフォーマンスを上げることが主目標となる。しかし、体育授業では、それぞれのスポーツの技能、ルール、マナーを学習し、その成果を日常の中でどのように生かしていくかが重要になる。

　例えば、リレーの学習では「全力疾走しながら、バトンをスムーズに受け渡しできる」ことが具体的な目標の1つになる。しかし、その先には「全力を発揮する中で、複数の課題を同時に行うことができる」といった普遍的な身体運動の目標がある。ハードル走であれば、「安全に、素早く、効率よくハードルをクリアしながら走る」ことを通して、「素早い動きの中でも身体を上手にコントロールできる」こととなる。

　体育授業で学習するスポーツは、さまざまな状況に対して身体を適切に動か

すことができるようになるための「媒体」である。学習者はスポーツの学習を通して、そのスポーツに必要な各種の身体の動きを経験・学習し、条件の異なる状況での身体の動かし方を学ぶことになる。同時に、その目標を達成するため、どのような工夫をしていくのかという取り組みも、学習の重要な柱となる。

「勝敗を冷静に受け止める」「ルールやマナーを大切にする」「役割を積極的に受け止め、自己の責任を果たす」「合意形成に貢献する」「互いに協力し合う」ことなども、社会性や態度の面から重要な学習目標である。スポーツの学習は、こうした目標を、より効果的に達成できる多くの機会を提供する。ただし、これは学習の主目標にはなり得ない。主目標はあくまでも、それぞれのスポーツに必要な技能を学ぶ中で、さまざまな状況に対する身体の動かし方を学ぶことにある。社会性や態度の面を主目標とするならば、ホームルームでの活動などでも得ることができる。社会性や態度に関する目標は、スポーツの学習において、あくまでも二次的なものであることは認識しておくべきである。

授業では、最初に、学習を通して達成すべき目的と、それに向けた具体的な内容を学習者に明確に示すことが重要である。その上で、目的に到達するまでの各段階で必要な目標を学習者自身に考えさせ、設定した目標を明確に意識させて学習させる必要がある。そのため指導者は、授業の中で、学習者がつねに目標を意識しながら活動できるような声かけを行うことが重要である（図9）。

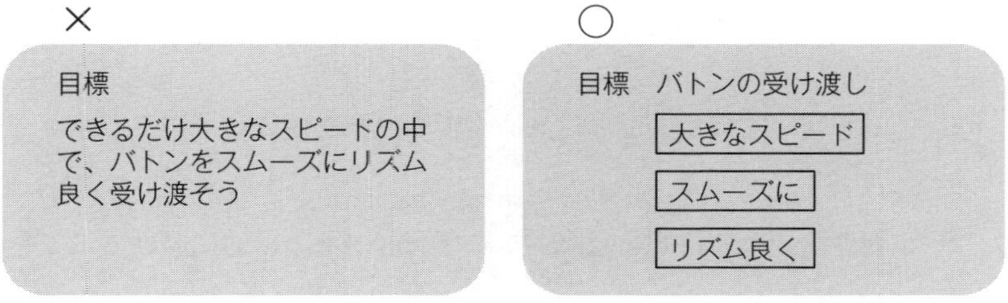

図9　学習目標の呈示例
ホワイトボードなどに明確に呈示する。ただし、左図のように文章で書くことは効果的ではない。右図のように、フラッシュカード等を用いて、ポイントを強調し、より明確に示す方が、学習者の意識を高めることができる。

（5）場の設定

　「場」とは、学習目標を効率よく達成するための工夫であり、活動場所の大きさなど物理的条件だけを示すものではない。道具の効果的な使用方法、効果的なグループ分けなど、学習条件を工夫することも「場」の設定となる。

　「場」の設定で最も重要なことは、各スポーツ種目の「競技としてのルール」にとらわれないことである。ルールとは、あくまでもスポーツをするうえでの「秩序・機能を維持するため相互に守るべき規則」であり、学習者の技能レベルや発達段階、学習の目的によって柔軟に変えられるべきである。たとえば、技能レベルが低い段階の走幅跳では、「前後の長さ20cmの踏切板を目安とし、その前端（踏切線）から出ないように踏み切る」走幅跳の正規ルールを厳密に取り入れると、足合わせばかりに意識が集中して、「思い切り遠くへ跳ぶ」という本来の目的を達成することは難しくなる。より広い踏切板（位置）を設定することで、こうした傾向はずいぶんと緩和される。正規のルールは、技能レベルの向上とともに、徐々に取り入れていけばよい。

（6）学習の方法

　学習目標を達成するための学習方法としては、以下の3つが代表的である。

　① 運動を行っていく中で、自然に学習の目標を達成していくことができる方法。
　② 学習者に運動の目的を意識させ、学習者がその目的に向けて工夫をしていく方法。
　③ ①②の混合。

　方法①の代表例は、「鬼ごっこ」である。鬼ごっこでは、活動をしていく中

で、自然に「急に加速する・止まる・方向転換する」「相手の動きを予測し動く」などの目標が達成される。年齢の低い小学生で頻繁に適用される方法だが、中学・高校でも、学習の導入段階で効果的に用いることができる。なお、この方法では、学習目標がより効率よく達成されるよう「場」を工夫することが求められる。

　方法②は、すべてのスポーツ種目で最もよく用いられる。学習者は、他者観察や自己観察をしていく中で、自らあるいは仲間と相談しながら学習方法を工夫し、目標に近づいていく。指導者は、そのための効果的なグループ作りや学習ノートの作成、そしてフィードバックや助言を行っていくことが仕事となる。学習者が運動のコツやポイントを「わかって」、それを意識して「できる」ことが、この方法を用いた学習の最終目的となる。

（7）導入段階の注意点

　新しい技能を獲得していく中で、学習者は「どうすれば上手くいくのか」といった運動感覚に基づく身体の使い方を最初から理解し、意識できるわけではない。初期段階においては、それ以前に経験し獲得している「似たような」複数の運動感覚をもとにして、試行錯誤を繰り返しながら、新しい課題を達成するための運動感覚を構築しようとする。そのため学習の導入段階では、設定する運動課題そのものに直接アプローチするのではなく、以前、学習者が経験してきたであろう、より簡単で、かつ運動感覚的によく似た運動を行わせるとよい。この「似ている」という運動感覚は、課題達成のうえで必要な運動感覚に近づくことを容易にさせる。

　しかし導入でこのような類似した運動を取り入れるには、指導者自身が課題となる運動に似た、より簡単な運動を感覚的に理解し、課題の達成へと効果的につなげていく道筋を理解していなければならない。それには、指導者自身が運動の力学的・生理学的特徴を理解し、経験しておくことが非常に重要になる。

(8) 学習のマネージメント

　授業では、学習者に対して、①運動・活動欲求の充足を図れるよう、十分な運動の学習量を確保すること、そして②学習目標を明確に意識させ、その達成のために必要な内容・場を作ることが重要となる。

　そのために必要なのは、以下のようなことであろう。

①　指示や説明などはできるだけ明確・簡潔にし、学習活動場面を増やす。
②　待機や移動の時間をできるかぎり少なくする。
③　説明時にはしっかりと聞く姿勢をとらせ、活動時には集中して活動するメリハリをつける。
④　前時までの振り返りや学習のまとめでは、指導者による一方的な伝達ではなく、学習者の意見をもとに、指導者がわかりやすくまとめて伝える。

　指導者によるマネージメントばかりが目立つ学習活動は望ましいものではない。指導者は、学習者が活き活きと、楽しそうに、集中して運動課題に取り組める「学習者が主役」の学習がなされる場づくりを考えなければならない。

II
種目別指導法

歩行運動

1 基礎知識

（1）学校教育における歩行運動

　「歩く」すなわち歩行運動は、日常生活で見られる人間の最も基本的な身体運動である。陸上競技では、走運動が短距離走、中距離走、長距離走、ハードル走といった異なる特性をもつ競技に発展してきたのと同様に、歩行運動もまた「歩く」スピードを競う、競歩という競技に発展してきた。

　競歩競技は1896年の第1回アテネオリンピックから陸上競技の正式種目として存在し、現在は男子20km、男子50km、女子20kmの3種目がオリンピック競技種目となっている。2016年現在、男子20kmの世界記録は、日本の鈴木雄介が記録した1時間16分36秒であり、その平均歩行スピードは時速約15.7kmである。また、男子50kmの世界記録は3時間32分33秒（ヨアン・ディニズ[Yohann DINIZ]、フランス）であり、その平均歩行スピードは時速約14.1km、そのタイムをフルマラソン通過時のタイムに換算すると約2時間59分24秒になる。普通に歩いた時の歩行スピードが時速約4kmであることを考えると、世界トップレベルの競歩がどれだけすさまじいスピードの中で競われているのかがわかるだろう。

　江戸時代、東海道をはじめとした全国の街道沿いには、約4kmごとに一里塚が整備されていた。これは、普通のスピードで歩けば、塚1つで約1時間経過することを意味する。江戸時代の旅人は、1日あたり約8〜10時間歩いた

とされるが、これは、朝早く宿を出て、約30～40km先にある次の宿場へは夕方ようやく到着したことを示している。しかし、男子50kmの世界記録保持者であるヨアン・ディニズが全力で歩いたとすればどうであろう。次の宿場町にはその約3分の1、3時間ほどで到着してしまう。当時の人々がその速さを見たら、腰を抜かすほど驚くに違いない。現代に生きるわれわれでも、実際の競歩レースでその速度を目の当たりにすると、驚愕するくらいなのだから。

一般的に、歩行動作は、身体の発育発達に伴って5～6歳で成人歩行に移行する。そのため多くの教師は、歩行動作は自然に身につき、学校教育の中で特別に指導するものではないという認識をもっていることが多い。しかし、歩行運動に関する指導を受けなくとも、効率がよく、ケガをしない正しい歩行動作は身につくのであろうか。走運動についても同様のことがいえるが、実際には人間の運動発達の観点からみて、身体が成熟するまでに適切な歩行動作を身につけなければ、成人後、その動作を矯正することは難しい。

しかし、学校教育では、走運動の発展形としての短距離走、中距離走、長距離走、ハードル走は学習するとしても、歩行運動の発展形としての競歩を学ぶことはほとんどない。そもそも現行の学習指導要領では、競歩だけではなく、歩行運動すら学ぶ機会が設けられてはおらず、学習指導の現場でも歩行運動を学習する場面にはめったにお目にかかれない。

歩行運動の学習は、運動時の正しい姿勢を習得するうえで、また走動作を習得するうえでも大きな利点がある。歩行運動によって習得した動きを走運動に応用すれば、合理的な疾走フォームの獲得がより容易になる可能性が高い。したがって、学校教育の中で、移動スピードを競う競歩はともかくとして、少なくとも適切な歩行動作を学習していくことは、その後のさまざまな運動学習を効率よく進めるためにも重要である。

（2）歩行運動のキーワード

歩行運動に関する基本的用語には以下のようなものがある。

1歩——一足の踵(かかと)が接地し、次の踵が接地するまでの動作。

歩幅——1歩の距離（m）

重複歩距離——一足の踵が接地して、次に同じ踵が接地するまでの距離（m）。重複歩距離は身長が高い者ほど大きくなり、自由な速さの歩行では、重複歩距離は身長の80 〜 90％、速いスピードの歩行では100％以上となる。

歩行率——単位時間あたりの歩数（歩数／分）。

歩行周期——一足の踵が接地して、次に同じ踵が接地するまでの動作周期のことで、立脚相と遊脚相に分けられる。

立脚相——足が接地している局面。

遊脚相——離地している局面。

同時定着期（両脚支持期）——立脚相と遊脚相が入れ替わる時期で、両足が同時についている期間。

　自然歩行では、同時定着期は1歩行周期において10％（1歩行周期における時間的割合）ずつ2回、合計20％となる。歩行スピードが速くなると立脚相と同時定着期の占める比率が減少し、遊脚相の比率が増加する。

（3）歩行運動の特性

1）走運動と比べての利点

　中高年世代では運動不足解消のためにジョギングを行う者が多い。しかし、ジョギングによって膝や踵等のケガをする者が多く、熟練者でも虚血性心疾患等の事故例が報告されている事実からすると、ジョギングは運動不足解消のための運動としては適切ではないのかもしれない。むしろ、歩行運動のほうが運動不足解消のための運動として適切のように思われる。

　走運動と比較した時の歩行運動の利点は、以下のようなものである。

① 下肢の関節や抗重力筋にかかる負担が少ない。
② 運動中の心拍数が上がりにくい。

①下肢の関節や抗重力筋にかかる負担が少ない、ということは、歩行運動のほうが下肢の故障を起こしにくい。膝や踵などの故障は、重力が過大にかかることで生じる。歩行運動の場合は、つねに片足が身体を支持しているため、脚の接地時にかかる重力負荷は走運動に比べて小さい。そのため、下肢の故障は少なくなると考えられる。

②運動中の心拍数が上がりにくいことは、歩行運動のもつ生理学的な特長である。歩行運動は、分速約140m、時速にして約8.5kmを分岐点として、走運動よりも酸素消費量が大きくなる。酸素消費量と主観的な運動強度とのあいだには強い関係があることから、分速約140m以下での移動運動では、走運動より歩行運動のほうが楽に感じ、心拍数も低くなりやすい。

2）望ましい歩行動作

歩行運動も走運動も同じ平行移動運動である。両者の違いは、同時定着期（両脚支持期）をもつかどうかによって決まる。すなわち、走運動には両足が空中に浮く局面（滞空期）が存在するが、歩行運動にはその局面が存在しないということである。実は、この違い以外に、両者にはほとんど動きの違いはみられない。したがって、効率のよい歩行動作と走動作には、以下のような多くの共通点が存在する。

① 身体重心の上下動が少ない

最も効率のよい歩行運動と走運動は、身体重心の上下動がなく、ひたすら進行方向に真っ直ぐ進む状態である。例えば、100m走では、重心の上下動がゼロの場合、身体重心の移動距離は100mで済む。しかし、上下動が大きい場合、その移動距離は100数mにもなってしまう。したがって、効率的な動きを目指すには、上下動の少ない動きが必須となる。

② 地面からの適切な反発力を得られる

歩行運動も走運動も、支持脚が地面を押す際の反発力（地面反力）で前に進むことができる。望ましい方向への大きな反発力を得られ、それを効果的に利用できる動作がその移動スピードを上げるのに重要となる。

③ 正しい姿勢

歩行運動も走運動も移動スピードを大きくするためには、図1aにあるような、スピードに応じた適切な前傾姿勢が重要である。移動スピードを大きくできない学習者のほとんどは、腰部を屈曲させた間違った前傾、すなわち前屈状態で動いている（図1b）。

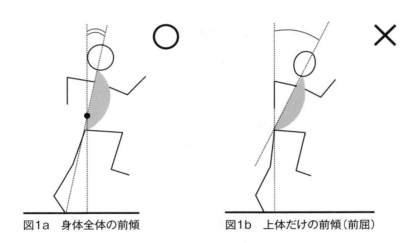

図1a　身体全体の前傾　　　　図1b　上体だけの前傾（前屈）

歩行運動と走運動にはこのような共通点が多い。しかし、走運動では、その動作速度が速くなり、学習を難しくさせる要因となる。スキーに例えれば、歩行運動は、緩斜面を滑っているのと同様に、さまざまな動きに対応できるが、走運動では急斜面を滑っている時のように、とにかく滑るのに精一杯な状態になるからである。

一般的に、動作の速度と正確性のあいだには負の関係が見られる。すなわ

ち、動作を速くすればするほど正確性は低下し、正確性を増そうとすれば動作は必然的に遅くなってしまう。それゆえ、歩行運動の学習では、その動作速度の小ささゆえに適切な姿勢や歩行動作を獲得しやすいといえ、それを走運動に応用することによって、より容易に、合理的な疾走フォームを獲得できる可能性が高いと考えられる。

2　学習の目的と具体的な技能の目標

歩行動作の学習の目的は、以下の通りである。

① 効率よく、身体各部に過度な負担をかけないように歩くために「どのように身体を使うべきか」を理解し、実践できる。
② 運動習慣の基礎として、「歩く」ことを楽しく、事故やケガなく行うことができる。

このような目的を達成するための具体的な技能の目標として、歩行動作の学習では、正しい歩行姿勢や身体重心の真下近くに足を接地する動きを習得し、不必要なブレーキをかけず、大きな移動スピードを獲得できるようにさせたい。また、その動きを走動作へとつなげていくことが重要となる（図2）。

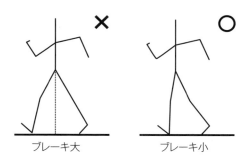

図2　脚の接地位置とブレーキの大小の関係

「歩く」ことは、ケガや障害がない場合、誰でも無意識に行うことができる。そのため、「新しい動きを学習する」「新しいことができるようになる」など、学習者の動機づけを高めることが難しい。そのため、効率よく歩くことの難しさや、歩き方次第で疲れ度合いが大きく異なることなどを実感させる取り組みを工夫することが必要となる。

3 「わかって・できる」指導の工夫

（1）指導のポイント

効率のよい歩行動作を学習することは、効率のよい走動作やその他さまざまな運動の基礎動作を習得することにつながる。そのため、歩行運動の学習では以下の点に注意しながら、効率よく歩くための身体の使い方を学ばせたい。

① 正しい「腕振り」の習得

肘の曲げ伸ばしを腕振りと勘違いしている学習者が多い。腕振りは自然に振れる範囲で、肘の角度は直角ぐらいに保ち、肩を中心に、肘を先端とした振り子運動を行うような感覚で行う（図3）。

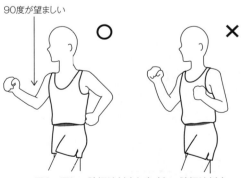

図3　正しい腕振り（左）と良くない腕振り（右）

② 地面を後方へ押す動作の習得

　踵部からしっかりと着地し、股関節を伸展しながら、足でしっかり地面を押して歩く動作を身につける。歩幅を広げることだけに着目すれば、上体と骨盤を逆回旋させる動きは有効な手段となり得る。ただし、移動スピードが大きく、続く動作を素早く準備しなければならない状況では、上体と骨盤の大きなひねりがそれを再び逆方向へと戻す余分な時間とエネルギーにつながってしまい、不利に働くことが多くなる。したがって、上体と骨盤のひねりは、脚全体でしっかりと地面を押した結果として、自然に生み出されてくることが望ましい。

③ 歩行運動と走運動の組み合わせ

　歩行運動と走運動を組み合わせて学習することは、両運動の違いや共通点を認識するための有効な方法になる。指導者の合図により、歩行運動から走運動へ、走運動から歩行運動へと動きを変化させてみる。2つの運動を切り替えることにより、運動目的に応じて、あるいは運動スピードに応じて、身体の動きが変化することを認識できると同時に、動きを変化させる柔軟性・適応性を身につけることができる（図4）。

図4　「歩」と「走」の組み合わせ

（2）さまざまなドリル

学習の中で、効率のよい歩行動作を身につけるため、そしてそれを走動作へもつなげていくため、以下の点に注意しながら学習を行う。

実践1──姿勢を整える

あごを引いて背中を伸ばし、骨盤の上にしっかりと上半身を乗せることを意識させる。おなかをキュッと締め、身体に1本真っ直ぐな棒が入っているようなイメージをさせると効果的である。

骨盤の上に上半身がしっかりと乗っているかどうかの確認は、「その場ジャンプ」あるいは台から跳び下りてまた他の台に乗る「ドロップジャンプ」などでより明確にできる。足が地面に接地した時、腰が折れてしまう姿勢になった場合には、上半身がしっかりと骨盤に乗っていない証拠になる。また、学習者自身も、弾む感覚が得られないとともに、腰周りに大きな負担を感じることになる。

実践2──動作のポイントを意識しながらのウォーキング

① 視線はまっすぐ前に、前方10〜20mくらいのところを見る。
② 両肩を水平に保つ。
③ 背筋、腰をまっすぐに伸ばす。
④ 腕振りは自然に、両手はバランスよく。
⑤ 膝を自然に伸ばす。
⑥ 歩幅を無理なく広げる。歩幅は身長のおよそ2分の1程度になる。
⑦ 身体重心の真下近くに脚を振り下ろし、身体を乗せこむ感じをもつ。
⑧ 離地の際は地面を強く押す。

実践3――効率のよい歩行動作を習得するウォーキングドリル（図5）

① ゆっくりと（80m／分程度）歩く（30m× 5）。
② 少しスピードを上げて（100m／分程度）歩く（30m× 5）。
③ 徐々にスピードを上げて全力で歩き、最終的に走運動につなげる。

図5　歩から走へ

ドリルを行う際には、水平方向へと身体を効率よく移動させるため、頭の位置が大きく変化しないように注意する。そうすれば、自然に股関節を伸展しながら、足でしっかり地面を押して歩く動作につながりやすい。

実践4――ウォーキングのポイントを意識したランニング

背筋を伸ばし、骨盤の上に上半身をしっかりと乗せた正しい姿勢で、身体重心の真下近くに脚を接地するイメージをもちながらランニングを行う（50〜80m程度×数本）。

実践5――歩行動作の違いに気づく

歩行の移動スピードを変化させてみることで、「身体各部の動きが変化する」ことや、「動きの良し悪しで結果が大きく変わる」ことを自然に認識できるようになる。そのための場の設定の工夫の例を以下に示す。

① シューズをはかず、靴下の状態で体育館を歩く

　靴下の状態で体育館を歩こうとする時、足関節で地面を蹴って（キックして）進もうとすれば、移動スピードを増せば増すほど、足が滑ってしまい、効率よく移動できない。地面からの適切な反発力を受け、効率よく進むためには、股関節を伸展させながら、足でしっかり地面を押して歩かなければならないことを学習者は身をもって体験し、強く認識することができる。

② 他人のペースやリズム、ストライド、ピッチに合わせて歩く

　自分のペース（リズム、ストライド、ピッチ）ではなく、他人に合わせて歩くと、気持ちよく歩けないばかりでなく、すぐに苦しくなり、疲れてしまう。歩行動作の効率を高めるためには、自分のもつ至適なストライドやピッチ、ペースやリズムが重要であることを認識することができる。

4　評価

　歩行運動の学習成果は、効率よく歩く動作を習得できたかどうかを、下記の点を中心として評価することになる。

① 移動スピードに応じた適切な前傾姿勢が作れているか。
② 無理にストライドが大きくなりすぎていないか。
③ 正しい腕振りができているか。

　歩行運動の学習では①が最重要課題で、まずは、正しい前傾姿勢で歩けるかどうかが必須となる。正しい姿勢で歩けることなくして、腕振りやストライドのポイントは評価できない。したがって、歩行運動の学習のミニマムは正しい前傾姿勢といえる。
　正しい前傾姿勢の次に評価すべき観点は、②無理にストライドが大きくなり

すぎていないか、である。前方へ無理に足を出すような歩き方をした場合、接地時に大きなブレーキがかかり、移動スピードを大きくできないのと同時に、膝関節などのケガをする確率も高くなる。そうならないためにも、適度なストライドでリズムよく歩くことが大切である。

最後に、③正しい腕振りができているかを評価する。身体重心上部の運動である歩行中の腕振りは、その大きな目的として、身体重心下部の運動である脚運動に対してバランスをとるために行われる。したがって、腕振りが十分かつタイミングよくなされないと、バランスよく歩くことはできない。肘が前後にしっかり動いているかどうかも確認する。

腕振りとは、肩関節を支点とした上腕部の振り子運動であり、決して肘の曲げ伸ばしではない。中学生・高校生の女子によく見られる誤解は、肘の曲げ伸ばしを腕振りと考えていることである。正しい腕振りは「肘を前後に動かす」こと、それをきちんと習得しているかを確認すべきである。

短距離走・リレー

1　短距離走

(1) 基礎知識

1) 学校教育における短距離走

　体育授業における短距離走は、単に「競争する」「記録を測る」だけに留まることが多く、球技のようにボールなどの対象物もゲーム性もないため、「苦しく、きつく、楽しくない運動」に捉えられがちである。

　しかし、その反面、体育祭では、ほとんどの子どもが全力で取り組み、その結果に一喜一憂する種目でもある。オリンピックなど国際大会での100m走やリレーの結果がクラスで話題にされることも多く、短距離走には、それ相応の興味や関心が寄せられている。それゆえ、体育授業では、より多くの子どもが「面白く」「充実した」学習をすることができるよう工夫することによって、より強い動機づけを行うことが可能となる。

2) 力学的・生理学的特性① ── 疾走スピード

　疾走スピードは、「できるかぎり速く走る」という短距離走の目的を達成するため、身体動作が生み出す最終的な結果である。全力疾走では、年齢や性別、疾走能力にかかわらず、その最大疾走スピードはスタート後、約5〜7秒で現れる。短距離走のタイムは、この最大疾走スピードに最も影響されるた

め、いかに最大疾走スピードを大きくするかが短距離走のカギになる。

　疾走スピードは、図1に示されるストライドとピッチの積で表される。疾走中、ストライドとピッチの割合は一定ではなく、一般的には、スタート後、疾走スピードの増加とともにピッチが増加し、続いてストライドが増加する。その後は、脚が回転する勢いと脚の重さ（回しにくさ）によって、ストライドとピッチが相反して増減し、疾走の効率を高める。最大疾走スピードの出現後、疾走スピードは、疾走能力にかかわらず、同じような割合で緩やかに低下していく。

　ストライドとピッチが相反するこのような変化は、全身に力を入れすぎた「力んだ」状態では現れない。「力んだ」状態では、疾走スピード、ストライド、ピッチのすべてがスタート直後から同時に増大し、その後、一様に低下する。これにより疾走の効率は低下し、結果として、疾走スピードは小さくなってしまう。

3）力学的・生理学的特性② ── 疾走動作

　走運動は、歩行運動とは異なり、両足が地面に接地する両脚支持期をもたず、両足が地面から離れる局面（空中期、遊脚期あるいは非支持期）をもつ。そのため、支持期には、片脚で空中から落ちてくる身体を受け止め、その後再び身体を空中へと放出する作業をしなければならない。この接地中における走運動をモデル化したのが、図2に示すスプリング−質量モデルである。

　短距離走では、極めて短い接地時間（約0.1秒）のうちに、このモデルに表わされるスプリングを有効に活用し、身体を前方へと進めなければならない。実際の運動では、筋と腱組織を合わせた筋腱複合体が、伸張された後に短縮する「伸張−短縮サイクル運動（SSC運動）」が行われ、このスプリング機能が発揮される。

　この機能が最大限に発揮されるためには、次のような疾走中の対応が必要となる。

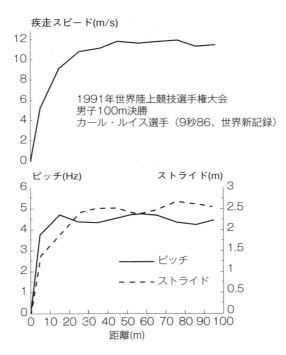

図1　100mレース中における疾走スピード、ストライド、ピッチの変化

(阿江ら, 1994)

ストライドとは歩幅のことで、片足の接地地点（つま先もしくは踵）から次の反対足の接地地点までの距離のことを指す。ピッチは平均歩数のことで、1秒間に何回脚が回転するかを示す。

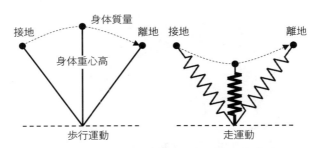

図2　支持期中における身体重心の移動に関するモデル
左：歩行運動の逆振り子モデル（Alexander, 1984）
右：走運動のスプリング－質量モデル（Ferris et al., 1990）

① 脚の回転や腕振りを速くするだけではなく、身体重心（おへその下あたり）を前方へと進めていくイメージをもつ。

② 四肢の動きは、腰や肩関節まわりの筋群によってコントロールされる。肘や手関節、空中にある膝や足関節はそれによって振り回され、基本的にはその過度な伸展等を抑える働きを担う。そのため、腰や肩関節まわりの筋群を適切にコントロールする意識をもつ。

③ 非支持期中、10m／秒を超えるスピードで前方へと運ばれてきた足部は、着地の瞬間、2m／秒以下へと急激に減速される。これは、接地時の衝撃を減らし、足部を保護するとともに、接地後、足の上にしっかりと体重を乗せていくためである。したがって、接地前、脚全体を地面へと積極的に引き戻し、接地後、足部にしっかりと体重を乗せ込んでいくことを意識する。

④ 接地直後、身体には後方上向きのブレーキ力（地面反力）が作用する。その力は、足部を基点とした下腿の前方への回転を生じさせ、効率のよい身体の前方移動を生み出す。そのため、身体重心の真下に着地し、ブレーキ力をゼロにしてしまうのは正解ではない。それでは身体が前のめりに転倒してしまう。身体重心より少し前方に着地する足の上に、体重をしっかりと乗せこんでいく意識が重要である（図3）。

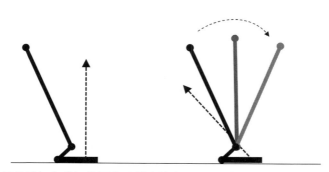

図3　接地時に身体に作用する斜め後方への地面反力（ブレーキ力）にともなう下腿の前方への回転の模式図
ブレーキ力がなければ、疾走スピードと強い関係にある下腿の前方への回転は効率よく生み出されない。

⑤ 接地直後、ブレーキ力による下腿の回転だけでは腰砕けになり、ジャンパー膝などの障害を発生させる可能性がある。そのため、接地時において、臀部や大腿後面の筋群を使った股関節の伸展動作は不可欠である。下腿の回転に合わせ、股関節をしっかりと伸展させることを意識する（図4）。

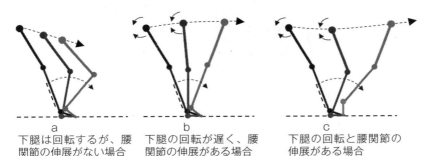

a 下腿は回転するが、腰関節の伸展がない場合
b 下腿の回転が遅く、腰関節の伸展がある場合
c 下腿の回転と腰関節の伸展がある場合

図4　支持期中における腰関節伸展と下腿の回転の模式図
腰関節伸展と下腿の回転が同時に行われない場合、身体重心は効率よく前方へと移動しない。

⑥ 膝を伸展させる筋群による膝伸展は、その力の作用方向から、身体を前方へと移動させることにはあまり貢献しない。膝の伸展は、身体を上方に移動させてしまうことになり、前方への移動効率を低下させてしまう（図5）。

⑦ 胴体より前方に移動していく腕と脚からは、エネルギーが胴体を介して後方に移動していく反対側の腕と脚に転送される。したがって、身体前方に移動していく腕と脚をタイミングよく引き戻す動きを意識すると、身体後方にある腕と脚が効果的に前方へと引き出される。

⑧ 胴体は腕や脚の動きによって自然にひねられる。胴体を意識的にひねると、大きなストライドに生み出せるものの、質量の大きな体幹を動かすことにもなり、四肢間で転送されるエネルギー効率が低下し、ピッチも低下してしまう（図6）。

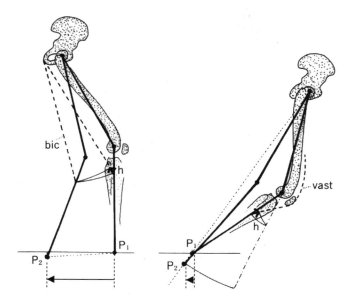

図5 支持期中における大腿二頭筋（左）および外側広筋（右）の活動による移動距離の模式図（Wiemann, 1989）
膝関節の伸展は身体の前方への移動に大きく寄与しない。

図6 疾走中における水平面から見た骨盤と下肢の動きの模式図
骨盤は、動きの先取りのため、動作方向の切りかえ前には既に、見た目の動きとは反対方向への力を発揮し始める。このような先取りは、動作切りかえ後の主働筋・協同筋のSSC運動を導くとともに、その反応時間を速くすることに貢献する。

⑨ 短距離走では、動作の切りかえを一瞬のうちに行わなければならない。そのため、次に何をすべきかを予め意識することが必要となる。意識することによって、動作開始前に予備的な筋活動が生じ、その反応時間が短縮される。また、この先取り動作によって、二関節筋を通じたエネルギーの転送が生じ、より効率のよい動きが発現される（図7）。

⑩ 短距離走では、主働筋や拮抗筋などがある一定の協調パターンで活動する。素早い動作の中で、このパターンを変更することは難しい。変更するには、スピードをいったん落とす等の対応が必要となる。したがって、スタートからスムーズに加速するには、スタート時から最大疾走スピード時に見られる臀部や大腿後面の筋群の活動を中心とした動作を行わなければならない（図8）。

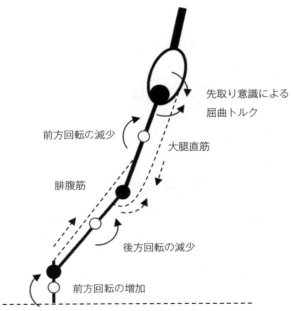

図7　二関節筋の作用でエネルギーが転送されるMuscle-tendon actionの模式図
支持期後半、まだ脚は後方へと動いているにもかかわらず、続く局面で大腿を前方へと運ぶための先取り動作が行われる。大腿直筋の活動が膝関節に影響し、それが腓腹筋を引っ張ることで足底屈が生じる。この局面では、直接足底屈を生じさせる下腿三頭筋の活動が非常に小さい。

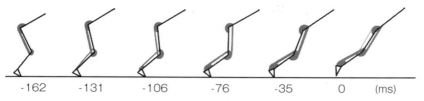

図8　スタート2歩目にみられる筋の強調パターン
(Jacobs R & Ingen Schenau GJ van, 1992)
最大疾走スピード局面においても同様なパターンが観察される。

⑪ スタート時から地面を足首で「蹴る」のではなく、「押して走る」ことを意識する。地面を押すことで生じる反作用の力は、スタートからの自然な上体の起き上がりと最大疾走スピード局面へのスムーズな移行を可能とする。

　上記のような走運動の技術的ポイントは、発育発達段階や疾走能力によって大きく異なる。まだ身体ができあがっていない学習者には、上記の疾走技術は適切なものではない。この段階では、「離地するまでしっかり地面を押す」、「膝を高く上げて走る」など、外部に対して大きな力を発揮し、大きな動きをすることが重要である。実際に、この段階で四肢を引き戻すような動きを強調すると、チョコチョコとした小さな動きでしか走れなくなってしまう。技術は一様ではなく、発育発達段階や疾走能力によって変化することに注意したい。

4）エネルギー代謝からみた特性

　どのような身体運動も、最も大きなパワーを発揮できる時間は理論上、約7秒間である。自転車エルゴメーターを全力でペダリングした場合でも、開始約7秒後からその最大パワーは向上しない。これは、非乳酸性機構の時間的特性に依存するものである。非乳酸性機構は、筋収縮を行うエネルギー源であるアデノシン三燐酸（ATP）を再合成するためのエネルギーを最も速く供給する。子どもでも世界トップレベルの競技者でも、男性でも女性でも同じである。

疾走スピードの特性もエネルギー代謝に依存し、全力疾走中の最大スピードもまた、スタート後、約5〜7秒後に現れる。そのため、非乳酸性機構の優れた者ほど、最大疾走スピードが大きく、その出現距離も長い。その後の減速区間も短くなる傾向にある。実際に、最大疾走スピードの大きさと100m走の記録には、高い相関関係が見られる。ウサイン・ボルト選手が100mで9秒58の世界記録を樹立した時の最大疾走スピードは12.4m／秒、時速では44.7km／時、自動車と同等のスピードである。そして、そのスピードが出現した距離は60〜80mと長く、減速区間は非常に短いものであった。一方、日本の100mトップスプリンターの最大疾走スピードは11.5m／秒ほどで、その出現距離も50〜60mである。ボルト選手が短時間のうちにいかに速く、遠くまで走っているかがよくわかる。ちなみに、四足動物はわれわれ人間の比ではない。最速のチーターに至っては時速にして110km、100m走の記録は3秒27と推定されている（表1）。

表1　一流スプリンター並びに動物の100m走の記録と最大疾走スピード

名前	国籍	100m記録 (秒)	最大疾走スピード (m／秒)	(km／時)
ウサイン・ボルト	JAM	9.58	12.42	44.72
カール・ルイス	USA	9.86	12.05	43.38
リンフォード・クリスティ	GBR	9.92	11.76	42.34
桐生祥秀	JPN	10.01	11.65	41.94
山縣亮太	JPN	10.07	11.57	41.65
井上　悟	JPN	10.21	11.49	41.36
チーター		3.27	30.56	110.00
ガゼル		4.00	25.00	90.00
野ウサギ		4.50	22.22	80.00
猟犬		5.54	18.06	65.00
ライオン		6.00	16.67	60.00
ヒグマ		7.20	13.89	50.00

注）動物の記録は推定値

一方、スタートから各時点までの平均疾走スピードは、スタート後約15秒で最大となり、その大きさは最大疾走スピードの約90％となる。これは、ATP再合成のためのエネルギー供給システムの主役が、非乳酸性機構から、やや遅い乳酸性機構に移行していく一方で、最大疾走スピード出現時までに得られた身体のスピードが急には低下しないことによる。そして、この特性もまた老若男女で変わらない。このような時間的特性は、15秒以上に及ぶ全力疾走では、ペース配分等、何らかの戦略が必要となることを示している。

5）発育発達からみた特性

　ストライドとピッチの積で表される疾走スピードは、男子が17歳頃まで向上する一方で、女子は13歳頃には頭打ちになる。結果として、13歳以降、男女差は顕著になる。これには成熟にともなう男女それぞれの形態の違いによるところが大きい。女子は思春期以降、乳房や骨盤の発達、皮下脂肪の増加など、身体運動にはマイナスに働く要因が大きくなるためである。

　ストライドは、疾走スピードとほぼ同様の発達を示す。これは、ストライドと疾走スピードが筋力と強く関連するからである。一方、ピッチは、発達に伴う大きな変化を示さない。このことは、小さな頃に脚の回転が速い子どもは大きくなってもピッチが速く、走る上で有利になる可能性が高いことを示す。ただし、男子には、思春期にピッチがやや増加する時期が見られる。したがって、男子が高校生頃にスピード系のトレーニングを行うと、そのスピードを向上させることができる可能性が大きくなる（図9）。

　スピード、ストライド、ピッチの発達は、エネルギー代謝機能に大きく影響される。実際、子どもと大人のエネルギー供給系には明らかな差が見られる。子どもは、体重あたりの有酸素性能力は大人とほぼ変わらないが、無酸素性能力は大人より明らかに低い。また、同じ運動を行っても、子どもは酸素を用いたエネルギー供給の割合が大人より高い。これは、同じように走り回っても、子どもが疲れない1つの要因だが、同時に、短距離走が不得意な要因でもある。

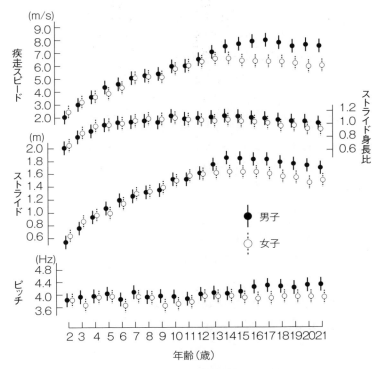

図9 疾走スピード、ストライド、ピッチの発達（斉藤ら、1981；加藤ら、1985：1987）
値は平均値±標準偏差。

（2）学習の目的と具体的な技能の目標

短距離走の学習の目的は、以下の通りである。

① 速く移動するために「どのように身体を使うべきか」を理解し、実践できる。
② 「走ることは楽しい・気持ちいい」ことを実感し、「もっと走りたい」と思えることで、その後の運動習慣の基盤を作る。

このような目的を達成するための具体的な技能の目標として、中学校学習指導要領では、「記録の向上や競争の楽しさや喜びを味わい、基本的な動きや効率のよい動きを身につけ、なめらかな動きで速く走ること」、高等学校学習指導要領では、さらに「中間走の高いスピードを維持して速く走ること」とされている。また、態度の面では、中学、高校ともに、「勝敗などを冷静に受け止め、ルールやマナーを大切にする」「役割を引き受け、自己の責任を果たす」「健康・安全を確保する」ことがあげられている。
　したがって、ルールやマナーを大切にし、楽しく学習を進めながら、以下の習得を目指す。

　　① 望ましい動作をみずからの運動感覚と照らし合わせながら理解する。
　　② 動きの違いを意識し、動作を意識的にコントロールすることができる。

　これはつまり、学習者がみずからの感覚で動きが「わかる」こと、そして意識して「動くことができる」ことである。最終的な目標は下記となる。

　　① 効率のよいなめらかな動きで走ることができる。
　　② スタートから大きな加速を得、リズムよく滑らかに最大疾走スピードにつなぐことができる。
　　③ できるだけ大きな最大疾走スピードで走ることができる。

［課題と対策］

　陸上競技のパフォーマンスは、残念ながら個々の遺伝的要因に大きく左右される（図10）。
　実際に、小さい時に足の早い子どもは、大きくなっても基本的に足が早く、足の遅い子どもは、大きくなっても基本的に足が遅い（図11）。
　したがって、単に「競争」するだけなら、順位がほぼ常に確定してしまい、「競争の楽しさや喜びを味わう」ことは難しい。

第Ⅱ部　種目別 学習指導法

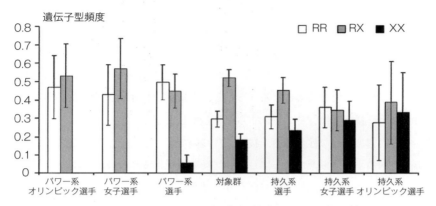

図10　パワー系能力に深く関連するαアクチニン遺伝子（ACTN3）と運動能力との関係（Yang et al., 2003）
ACTN3は、アクチンとミオシンフィラメントの結合力の強い速筋線維でのみ見られるZ帯を作るたんぱく質。スプリント・パワー系種目に優れた人は、RRホモ接合、RXヘテロ接合の遺伝子型が必要条件になりうることがわかる。

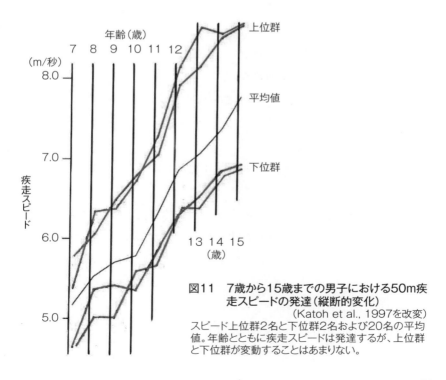

図11　7歳から15歳までの男子における50m疾走スピードの発達（縦断的変化）
（Katoh et al., 1997を改変）
スピード上位群2名と下位群2名および20名の平均値。年齢とともに疾走スピードは発達するが、上位群と下位群が変動することはあまりない。

身体運動のパフォーマンスは、技術、身体資質（体力）、意欲の3要素によって決定される。そのため、これら3要素のうち、1つでも不十分なものがあれば、そのパフォーマンスは低下してしまう。しかし、限られた授業時間数の中で、「技術」や「体力」を大きく向上させることは難しい。そのため、「意欲」が非常に重要な要素となる。しかし、常に順位が確定しているような「面白くない」授業では、その意欲すら低下してしまう。

　学習内容の大きな柱である「技術」についても、単に練習させるだけでは、単調で面白くない授業になってしまう。授業を受ける学習者は、技能向上に強い関心をもつ競技志向の強い者ばかりではない。それゆえ、クラブ活動の縮小版のような授業では、「良い学習」にはなり得ない。

　実際に、小学校低学年で走ることが「大好き」だった子どもたちは、中学・高校になると、走ることを「嫌いな種目」の上位にあげるようになる。単に「競争する」「記録を測る」だけの短距離走の学習では、

① 個々の能力差が明確で、競争の順位変動も少ない
② 対象物もなく、ゲーム性もない
③ 「走らされている」という受動的な感が強く、より「苦しい」「きつい」感覚を得る

といったことから、「楽しさ」や「面白さ」を味わえず、短距離走を否定的に捉えてしまう。

　特に、「足の遅い」学習者にとっては、「嫌い」な気持ちをより強くさせてしまう。そのため、短距離走の学習過程では、学習者が以下のような実感をもちながら活動に参加することが重要となる。

① 競争の中で緊張や興奮を味わうことができる。
② ゲーム性があり、競走の面白さを感じることができる。
③ 自分の課題を見出し、目標を明確にもつことができる。

④ 自分たちで考えながら学習に取り組むことができる。

　そのためには、「個々のもつ力の中で」「楽しく」「みずからが進んで」設定した目標を達成していけるための場の工夫が必要となる。学習ノートを作って、「何を、どうしたら、どうなったか」について、みずからの運動感覚と動きの結果を照らし合わせながら記載させることも、1つの有効な手段である。それは、適切な動きに「気づき」、適切な動きが「わかる」ことにつながっていく。

（3）導入段階での留意点

　短距離走では、「時間」が学習の中心的な単位となる。そのため、学習を始める段階で、時間に関する以下の点について、学習者に教えておく必要がある。

1）電気計時と手動計時

　陸上競技で時間を計測する方法としては、電気計時と手動計時の2つがある。現在は、電気計時による記録が公認記録となっている。電気計時は、電気センサーなどを使用した検知方法で、一般的にはスタート合図の瞬間に決勝線の延長上に置かれたカメラが作動し、ゴール時に撮影した画像からそのタイムが計測される。

　一方、授業等で用いられている手動計時は、人間が視認した状況をストップウォッチで計測する。手動計時の場合、ピストルから出た煙あるいは光を見てストップウォッチを作動させ、走者がフィニッシュラインに到達した瞬間を見てストップウォッチを停止させる。この反応時間の遅れに伴い、手動計時では平均して100m走や200mでは約0.2秒、400m走では約0.1秒、電気計時の記録に比べて速くなるとされる。

2）タイムの計測方法

　手動でのタイム計測は、スタートの合図として使用されるピストルの雷管の煙あるいは光が見えた瞬間にストップウォッチをスタートさせ、胴体（頭部・頸部・腕・足・脚を除いた部分）がスタートラインに近い方のフィニッシュライン端の垂直面に到達した瞬間にストップさせる（図12）。

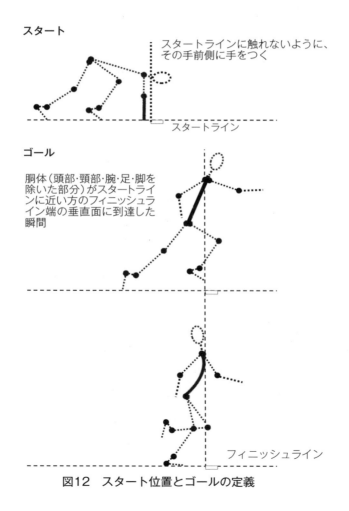

図12　スタート位置とゴールの定義

3）「ゴール」の定義

　ゴールの定義は競技によって異なり、陸上競技トラック種目におけるゴールの定義は、胴体がスタートラインに近い方のフィニッシュライン端の垂直面に到達した瞬間である。スピードスケートではスケートの先端がフィニッシュラインに到達した瞬間、アルペンスキーでは競技者の身体または装備のいずれかの部分がフィニッシュラインを通過した瞬間、クロスカントリースキーでは最初の脚がフィニッシュラインを通過した瞬間、平泳ぎやバタフライは、ゴールに両手を同時にタッチした瞬間である。

（4）短距離走が「わかる」指導の工夫

実践1――自分の動きを測定する

　グループを作り、メンバー同士でお互いの疾走スピード、ストライド、ピッチを計測する。計測した値を、一流競技者の値や、仲間同士で比較し、同じ疾走スピードでも、ストライドとピッチの大きさがそれぞれ違うなど、ひとりひとりの特性が異なることを理解させる。

　なお、ここでは、これら3つの要素が以下の関係をもつことを理解させなければならない。自動車に例えるなら、ストライドはタイヤの周囲長、ピッチはその回転数に相当する。

　　疾走スピード（m／秒）＝ストライド（m）×ピッチ（歩／秒もしくはHz）

[実施方法]
　①加速距離として少なくとも10m以上、その後、全力で走る測定区間20mを設定し、それぞれの距離にラインを引く。レーンがない場合は、真っ直ぐ走ることができるよう、疾走方向を示すラインを引く。

② 4人以上のグループを作り、役割分担を決める。

　疾走者（1名）：10m以上加速し、20mを全力で走り抜ける。

　ストライド測定者（2名）：測定区間に入った1歩目のつま先から5歩目のつま先までの距離を測る（例：左－右－左－右－左）。測定した4歩分の距離を4で割り、1歩分の幅であるストライドを求める。

　歩数測定者（1名）：測定区間に入った1歩目の着地から5歩目の着地までの時間を計る（例：左－右－左－右－左）。測定区間に入った1歩目の着地をゼロとし、「0，1，2，3，4」と声を出して着地数を数える。測定した4歩分の時間で4（歩）を割り、ピッチを求める。

③ 疾走者が全力疾走し、測定者がストライド、ピッチを計測する。疾走者は、測定者からストライドとピッチを聞き、それらを掛け合わせて疾走スピードを計算する。

［注意点］

・4歩が速すぎて計測が難しい場合、計測する歩数を増やす。例えば、計測を6歩にし、6歩分の距離を6で、6を6歩分の時間で割る。

・歩数分の時間計測が難しい場合、1名が測定区間に入ったことをピストル等で知らせ、1名が20mの疾走時間を測り、疾走スピードを計算する。その疾走スピードを他の2名が測定したストライドで割り、ピッチを求める。

・全力疾走だけではなく、普通歩行、速歩などについても同様の測定を行うと、移動スピードの変化によるストライドやピッチの変化を実感できる。

・ストライドは身長の影響を大きく受けるため、学習者同士を比較するには身長比を計算する。

・疾走スピードは、「秒速」と同時に、ふだん慣れ親しんでいる「時速」で算出すると、イメージしやすい。

・ストライドやピッチは1回1回その値が異なるため、数回行い、その平均値を計算する（図13、表2）。

第Ⅱ部　種目別 学習指導法

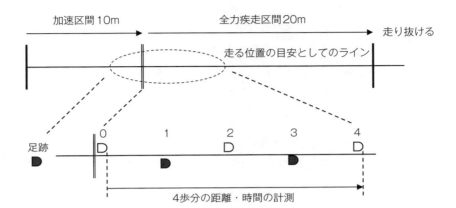

図13　疾走スピード、歩幅（ストライド）、平均歩数（ピッチ）の測定方法例

表2　疾走スピード、ストライド、ピッチ測定表（一例）

測定項目			1回目	2回目	平均値
4歩の距離	A	m			
4歩に要した時間	B	秒			
歩幅（ストライド）　　A÷4歩	C	m			
歩幅の身長比　　C÷身長（m）	D				
平均歩数（ピッチ）　　4歩÷B	E	歩／秒			
スピード（秒速）　　C×E	F	m／秒			
スピード（時速）　F×3600(秒)÷1000		km／時			

実践２──「走りやすい条件とは何か」を探る

　グループを作り、大小さまざまなフラフープ等を用いて「走りにくい」条件を作成し、実際に走ってみる。「走りにくい」条件は、逆に言えば「走りやすい」条件を理解することにつながる。走りにくい条件は、①スピードがつくにしたがいフラフープを小さくする（ストライドを小さくさせる）、②リズムを変えさせる、③身体をひねらせる、の３つの条件の組み合わせによって強くできる。その結果、①スピードにともないストライドを大きくする、②リズムを一定にする、③身体をひねらない、ことが「走りやすい」条件になることを理解させる。

［実施方法］
　① 各グループにさまざまな大きさのフラフープ（他のものでもよい）を同数ずつ渡す。
　② フラフープを置き、その中に足を置きながら走るレーンを作る。
　③ レーンはその横幅が大きくなりすぎないように、ある一定の横幅の中にすべてのフラフープの外周が入るようにする（グラウンドのレーンの幅を利用する、あるいは一定の長さの棒などを用いてその幅を示す）。
　④ フラフープは、手前のフラフープの中心より前に、続くフラフープの外周が来るように、必ず１点をもって（交差せずに）接し、他のフラフープとは接しないようにする。
　⑤ レーン完成後、各々のグループが作成したレーンをできるかぎり速いスピードで走らせ、どのような条件が走りにくいか、考えさせる。

［注意点］
・体育館で行う場合、フラフープを踏むと滑って危険であるため、学習者に注意を促すとともに、滑りにくいようフラフープにキネシオテープ等を数カ所巻いておく。
・作成したレーンを走る時には、ゆっくり走るとその走りにくさを感じにくいため、できるだけ速いスピードで走らせる（図14）。

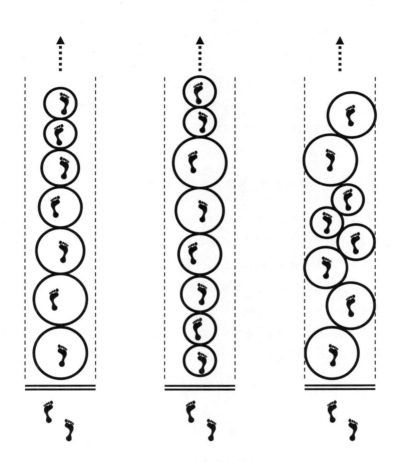

図14 フラフープを用いた「走りにくい」条件の作成例
学習者はフラフープ内に足を置きながら、できるだけ速いスピードで走り抜ける。
走りにくさは、次の3つの条件の組み合わせによって強くすることができる。
左) スピードがつくにしたがってフラフープを小さくする (ストライドを小さくする)
中) リズムを変える
右) 身体をひねらせる

（5）短距離走を「わかって・できる」指導の工夫

　姿勢や移動スピードに応じて、動きが変化することをみずからの身体で経験し、理解させる。動きの変化に対して、「感覚的にはどのような変化があったのか」について、「何故そうなるのか」と照らし合わせて理解させる。学習ノート等を作成し、動きを図示させながら、そのとき得られた感覚やその結果等について書き記す作業も効果的である。

> 実践3──加速の大きさと身体の傾きが連動していることを知る

　姿勢がスピードや移動方向に応じて変化することを学習させる。長さ1m程度の棒を手のひらに立て、棒を落とさないように20mほどの折り返し走を行う。加速には棒の前方への傾きが必要で、加速しない時には必要ではないこと、過度な前傾は棒を倒してしまうこと、左右に曲がる時は棒も同方向に傾ける必要があること、などを経験させる。そこから、棒を身体と捉え、加速の大きさと身体の前方への傾きは連動すること、曲線を走る時には身体が内側に傾くこと等を理解させる（図15）。

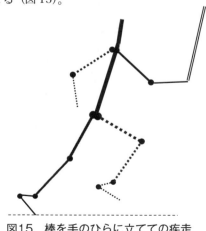

図15　棒を手のひらに立てての疾走

実践4——疾走スピードにともなって動作が変化することを知る

　身体各部の動きが、スピードやその方向に応じて変化することを学習させる。普通歩行から移動スピードを増加させていき、疾走にまで移行させる。そこで生じる身体動作の変化を、自己観察あるいは他者観察する。

　移動スピードの向上は、

- ・後方へのより大きな力の発揮
- ・ストライドとピッチの増大
- ・地面を押す足関節の大きな伸展
- ・股関節の可動域の増大
- ・肘関節の屈曲と大きく素早い腕振り等

により生じる（図16）。

　最終的に、歩行動作では移動スピードの増大に対応できず、両足が地面から離れる走動作に移行することに気づかせ、速く移動するための動作について理解させる。

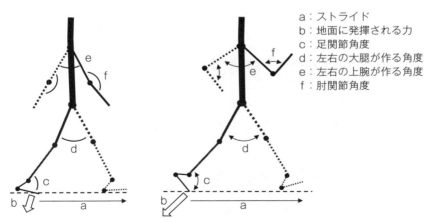

図16　移動スピードの向上に伴う動きおよび発揮した力の変化

a：ストライド
b：地面に発揮される力
c：足関節角度
d：左右の大腿が作る角度
e：左右の上腕が作る角度
f：肘関節角度

実践5──どのような姿勢がスタートからの加速を生むのかを知る

どのような姿勢がスタートからの大きな加速を生み出すのかを学習する。

いろいろな姿勢からのスタートダッシュを行い、①地面を両脚で強く押すことができ、②前傾していて、③身体の一部分だけに大きな負担がかからない姿勢、がスタートを速くさせることを実感させる。そして、その姿勢が陸上競技のクラウチングスタートに類似していること、地面に大きな力を加え、大きな加速度を得るためには、身体（重心）を低くしなければならないことを理解させる。

スタンディングスタートの姿勢は、身体重心を持ち上げる作業が必要なく、楽にスタートできるものの、より大きな加速を得るためには、スタート後、一度、身体を沈めないといけないことにも気づかせる（図17）。

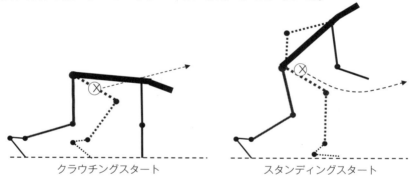

　　　　クラウチングスタート　　　　　　　　スタンディングスタート

クラウチングスタートは低い姿勢から大きな力を地面に発揮できるが、疾走とともに身体重心を持ち上げていく作業をともなう。スタンディングスタートは脚に負担をかけずにスタートできるものの、大きな加速度を得るためには、一度、身体重心を沈め、脚に地面への力を発揮させやすくする必要性が生じる。

図17　スタート姿勢の特性

実践6──ストライドとピッチの変化を意識的に行えるようにする

ストライドとピッチの積で表される疾走スピードは、疾走中、時間にともない変化する。ストライドとピッチの割合も一定ではなく、そのエネルギー効率

を高めるように変化する。このストライドとピッチの変化を意識的に行えるよう、疾走中の一部区間でストライドの大きさを制限し、ピッチを意識的に高める疾走を行う。ここでは、足部でチョコチョコとストライドを刻むのではなく、腰関節の挟み込み（シザース）動作を強くすることでピッチを高める。ただし、この取り組みは難易度が高く、すべての学習者が上手くできるとは限らない。そのため、動きが規制された時、何が変化し、どんな感覚をもったかだけでも経験させることが重要である（図18）。

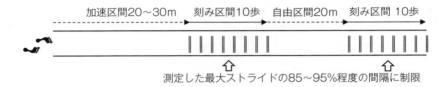

図18　疾走中におけるストライド制限走の一例
制限区間にはスティック等を並べる。ストライド長の制限が大きくなると難易度が上がりすぎてしまうため、その制限は最大ストライド長の約10%程度にする。能力の高い学習者は、複数カ所の制限区域を用いることも可能になる。

（6）短距離走を「全力で楽しく学ぶ」指導の工夫

　短距離走には、①一定の距離を何秒で走ることができるかという「距離走」、②一定の時間内にどれだけ走ることができるかという「時間走」、の2つの形態が存在する。一般的に行われている距離走は、走者のスタート地点が同じで、ゴールがばらばらになる特徴をもつ。一方の時間走は、距離走と同じスタート位置を揃えて行うやり方もあるが、スタート地点をばらばらにし、ゴールをほぼ同時にする方法も存在する。

　短距離走は、①加速、②最大スピード、③スピード維持、という3つの大きな局面をもつ。そのうち最大疾走スピードは、スタート後約5〜7秒、最大疾走スピードの約90%の大きさをもつスタートからの最大平均スピードは約15秒後に現れる。これらの特性から、距離走では50m走や100m走だけではな

く、最大スピード局面までを考えた5～7秒間で走ることのできる距離やスピード維持局面までを考えた約15秒間で走ることのできる距離を設定することもあり得る（表3）。

表3　最大平均スピードの出現距離から考えた
　　　短距離走の学習で用いる至適距離（小木曽と天野, 1994）

学校	学年	距離 (m)	
		男子	女子
小学校	1	60 – 70	60 – 70
	3	70 – 85	75 – 85
	5	80 – 95	75 – 90
中学校	1	85 – 100	80 – 90
	3	90 – 105	75 – 95
高等学校	2	100 – 110	80 – 90
大学		100 – 120	85 – 100

　しかし、一般的に行われている距離走では、ゴールする順位の不確定性が低く（「速い」「遅い」の順位がほとんど変化しない）、動機づけが高まりにくいことも事実である。また、ゴールまでに大きな差がつくことで、ゴール前での緊張感やドキドキ感が得られにくい欠点がある。学習結果も、「記録」という目に見えないものとなり、どの程度がんばればいいのか、明確な目標をみつけにくい。

　スタート地点がばらばらで、ゴールがほぼ同時になる時間走は、距離走に見られるこれらの欠点を補う有効な手段となる。時間走は、以下のような特徴をもつ。

① 走者がほぼ同時にゴールになだれ込み、緊張感や興奮を得やすい。
② 足が速く、遠くから走り始めた走者は、ゴールに近づくにつれ、ゴールに近い地点から走り始めた走者に急速に近づき、大きな緊張感や興奮を

得られる。一方、よりゴールに近い地点から走り始めた走者も、後ろからどんどん足の速い走者が近づいてくる感覚が得られ、より大きな緊張感や興奮を得られる。
③ 時間内に走ることのできた距離が明確で、次の目標を具体的に立てやすい。
④ 自分のがんばった結果が距離として明確に表れる。

また、走った距離を得点化し、チーム対抗にすることで、誰が何mに挑戦すべきか等、ゲーム性をもたせることができる。実際、このような時間走では全力が発揮されやすく、走者の疾走スピードも数％向上する傾向が見られる。したがって、短距離走の学習では、距離走だけではなく、時間走も組み合わせた学習過程を考えるとよい（図19）。

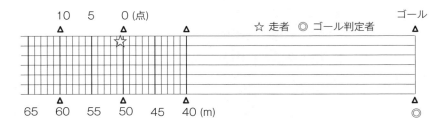

図19　8秒間走の実施図
各グループで1つのレーンを使用し、各走者が「8秒間で走ることのできる距離」を0点、それより1m長くする毎に1点とする。8秒間で50m走ることができるとすると、51mで1点、52mで2点ということになる。そのため、各レーンでスタート位置はばらばらになる。ゴールやスタート地点に三角コーン等、目印を置くと具体的な目標物となりやすく、取り組みやすい。

［実施方法］
ここでは、8秒間走を例にあげる。学校のグラウンドの大きさ等、状況に応じて疾走時間は変更する。
① 50m走のタイムから「疾走スピード」を算出する。
② 算出した疾走スピードから「8秒間で走ることのできる距離」を算出す

る。
③ 個々でスタート位置が異なるため、最も足の遅い走者が走ることのできる距離から１ｍごとにスタートラインを引く。
④ 個々が８秒間で走ることのできる距離以上の距離に挑戦し、１ｍ伸びるごとに１点とする。例えば、８秒間で50ｍ走ることができるとすると、51ｍで１点、52ｍで２点ということになる。
⑤ グループ対抗とし、そのグループのメンバーが数回走り、全体で得られた得点で勝敗を決める。
⑥ スターターの合図で一斉にスタートし、８秒後にもう一度鳴らされる合図内にゴールすれば挑戦した得点が得られ、ゴールできなければ０点となる。
⑦ １つのレーンを１つのグループが使用する。
⑧ 走者が１名、次に走る準備をする者が１名、決勝判定席で時間内にゴールできたかを判定する者が１名、残りのメンバーは走者の疾走を観察し、「あとどのくらい走ることができたか」「どうしたらもっと距離を伸ばせるか」などの情報を走者に提供する。

［注意点］
・グループ間の走力差をなくすため、50ｍ走のタイムから、グループ内異質・グループ間等質のグループを作る。
・動機づけを強くするため、三角コーンや旗などの小道具をできるかぎり使用し、ゴール地点や各スタート地点に置く。
・準備に時間を要するため、事前にスタート位置などに足が引っかからないようなペグ等、目印を固定しておくと、準備時間が短縮できる。

2 リレー

(1) 基礎知識

1) 学校教育におけるリレー

体育授業において、短距離走は苦手でも、リレーだけは好き、あるいは真剣に取り組めるという学習者は多い。体育祭でも、クラス対抗リレーなどは最も盛り上がる種目である。リレーは数名の走者が連続して走っていく短距離走とも言えるが、1本のバトンを仲間同士でつないでいくだけで、これほど動機づけを高められることには驚かされる。

しかし、その反面、「バトンをつなぐ」ことが特徴であるリレーで、バトンパスが重要視されていない、あるいはほとんど意識されていない光景をよく見かける。それゆえ体育授業では、「全力で走りながら、いかに効率よく、バトンを受け渡すことができるか」に、より注意を払う取り組みがなされるべきである。

2) リレーの特性

リレーの特性は、以下のようにまとめることができる。

① 複数名でバトンをつなぐチーム競技である。
② 個々の走者の疾走能力だけではなく、バトンの受け渡しや各走者の特徴を活かした走順によって、その結果が大きく左右される。
③ タイムは各走者の自己記録(疾走する距離)の合計より基本的に速くなる。

このような特性によって、練習や作戦の立て方次第で記録も容易に向上し、順位の不確定性も増す。それは学習者の動機づけを高め、競争への欲求や向上したいというな欲求をより高めることにつながる。

　リレーでは、第1走者のみが静止状態からのスタートとなり、その他は、加速をし、大きな疾走スピードを得た状態でバトンをもらい疾走する。そのため、各メンバーが疾走する距離の自己記録の合計タイムよりも、リレーのタイムは基本的に速くなる。このことは、より大きな疾走スピードで競争することを意味し、学習者の緊張感や興奮を高めることにつながる。

　さらに、リレーでは個々の特性に合わせて走順を組み、競争することができる。このことは、個々の走者の能力を十分に引き出せるとともに、各々が自分の特性に気づき、任された役割に対する責任感をもつなど、学習へのより高い動機づけを導く。

3）テイク・オーバーゾーンとブルーゾーン

　リレーでは、テイク・オーバーゾーンという区間が設けられ、バトンはその中で受け渡される。正式なルールでは、走者の基本的なスタート位置から前後に10mずつ取られた20mが、テイク・オーバーゾーンとなる（図20）。

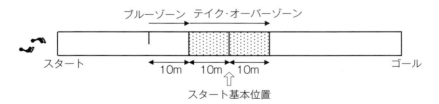

図20　バトンを受け渡すテイク・オーバーゾーンと
　　　その加速区間として使われるブルーゾーン

　グラウンドの大きさや疾走能力に応じて、テイク・オーバーゾーンの距離は変更してかまわないが、必ずその区間内でバトンを渡すことを徹底する。この

ルールがない場合、バトンパスは集中力の乏しい、だらだらとしたものになってしまう。

バトンのもらい手は、急激に加速し、できるだけ大きな疾走スピードでバトンを受け取る必要がある。しかし、最大疾走スピードはスタート後、5～7秒後にしか現れないため、テイク・オーバーゾーンだけでは大きな疾走スピードを得ることは難しい。そのため正式なルールでは、テイク・オーバーゾーンからスタート方向に10mのブルーゾーンが設けられ、その区間内からスタートしてもよいことになっている。リレーの学習においても、疾走スピードの特性を理解させ、このブルーゾーンを有効に活用することが望ましい。

4）バトンパスの技術

リレーで最も重要なポイントは、「できるだけ大きな疾走スピードで、走者のリズムを乱すことなく、バトンパスを行う」ことにある。そのためには、「どのようにバトンを受け渡すか」といったバトンパスの技術が重要となる。

①バトンパスの基本

バトンは、大きなスピードで走ってくる走者から、加速をして最大疾走スピードに達しようとする走者へと渡されるため、しばしば前走者の疾走スピードがより大きい状態でバトンパス局面に入ることがある。この時、同側の手から手へとバトンを渡した場合、走者の身体が交錯する確率が高まり、危険である。そのため、バトンパスは、必ず逆側の手と手で受け渡しを行う。この場合、もし前走者が追いついてしまっても、前走者は次走者の横をすり抜けることができる（図21）。

したがって、例えば400mトラックを1周する400mリレーの場合、曲線を走る走者ならば疾走距離を増やさないようレーンの内側を走り右手でバトンを持って走り、直線を走る走者は、レーンの内でも外でも疾走距離は関係ないため、レーンの外側を左手でバトンを持って走ることになる（図22）。なお、学校のグラウンドでトラック1周ごとにバトンパスを行うような場合、バトン

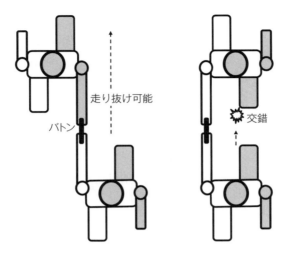

図21 必ず守るべきバトンパスの方法
同側同士でのバトンの受け渡し（右）は、前走者が追いついてしまった場合、交錯して危険である。

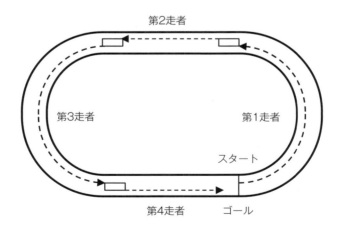

図22 400mトラックでの400mリレーでのバトンパス
曲線路ではレーンの内側を走り右手で、直線路ではレーンの外側を走り左手でバトンを持って走る。結果として、バトンはレーンの中央を移動することになる。

を渡す手と、もらう手とをあらかじめ決めておき、渡されたバトンは、その後、反対側の手に持ち替えて走るようにするとよい。

② 走順の決定方法

どれだけ高速で走っていたとしても、同じスピードで走る2台の自動車はお互いが止まって見える。バトンパスでも、渡し手ともらい手の疾走スピードが同じである場合、お互いが止まった状態になり、その受け渡しが容易になる。逆に、両者の疾走スピードの差が大きくなればなるほど、バトンパスの難易度は上がってしまう。それゆえ、最もバトンパスが容易になる走順（オーダー）は、バトンパス時に渡し手ともらい手の疾走スピードの差があまり大きくならないよう、走力の高い者順に並べたオーダーとなる（図23）。

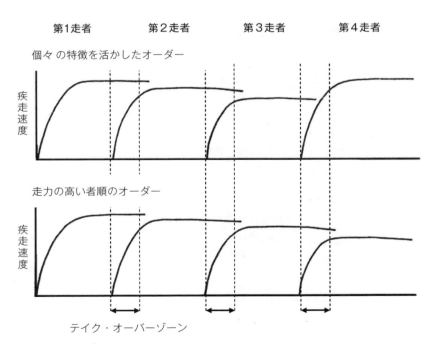

図23　リレーにおける走順例

バトンパスの経験の少ないチームや、これから練習をしていこうとする段階のチームでは、この走力の高い者順のオーダーが最も効果的である。一方、バトンパスの経験を積んだチームでは、その難易度は上がるものの、個々の特性に合わせた走順を考えることができる。例えば、400mリレーでは、ピッチが小さく、ストライドが大きいタイプの走者は曲線を曲がりにくいため直線に、ピッチが大きく、ストライドが小さい走者は曲線に配置するなどである。

③ ダッシュマークの設定

ダッシュマークとは、前走者がどの地点まで来たら次走者が走り始めるかを示す印である。前走者はスピードに乗って近づいてくるため、次走者はある程度、前走者と距離をおいた状態でスタートし、加速しなければ、すぐに追いつかれてしまう。逆に、その距離が大きすぎた場合、前走者が加速していく次走者に追いつけず、バトンを渡すことができない。したがって、ダッシュマークは、バトンパスを適切に行う上での重要な要素となる。なお、このダッシュマークの距離は、それぞれの走者の調子や環境条件（風の向きや強さ）によって変化するため、実施するたびに微調整を行う必要がある。

④ バトンパスの方法

バトンパスには、大きく分けて2つの方法がある。オーバーハンドパスと、アンダーハンドパスである。

このうちオーバーハンドパスには、①4×100mリレーなど、大きな疾走スピードの中でバトンパスを行う「もらい手が後ろを向かない」方法と、②4×400mリレーなど、より長い距離を疾走するリレー時に用いられる「後ろを向く」方法がある（図24）。

オーバーハンドパス（後を向いて）

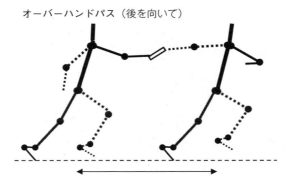

オーバーハンドパス（前を向いて）

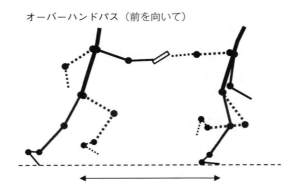

アンダーハンドパス

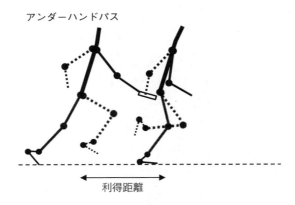

利得距離

図24　バトンパスの方法と各方法で得られる利得距離

オーバーハンドパスでは、次の点に注意することが必要である。

① 渡し手は前方に、受け手は後方に腕を大きく上げながら伸ばす動作を行う。これは、バトンパス時における前走者と次走者の距離（利得距離）を大きくし、走らずにバトンを移動させ、タイムの短縮を図るためである。

②「もらい手が後ろを向かない」方法では、受け手は手のひらを斜め下から地面に垂直になる（指先が下を向く）程度にして大きく開く。「もらい手が後ろを向く」方法では、指先が上を向くように手のひらを大きく開いて渡し手に向ける。

③ 渡し手はバトンの下部を握り、上部を受け手の手のひらに押さえつけるように渡す。バトンを振るように、あるいは受け手の手のひらを叩くように渡すと、受け手は痛く、バトンを落としやすい。なお、受け手がバトンの上部を握ることにより、受け手は次のバトンパスでバトンを握り返さずに同様のバトンの受け渡しを行うことができる。

一方、**アンダーハンドパス**では、次の点に注意する。

① 受け手は腕振りの途中、バトンをもらう手を骨盤の横で止め、親指を骨盤に当てるような感じで手のひらを下に向けて大きく開く。

② 渡し手は通常の腕振りの状態から肘を伸ばし、受け手の手の下にバトンを押し込むように渡す。渡し手はバトンの下部を握り、受け手ができるかぎりその下部を握ることができるよう、受け手の手と自分の手が重なり合うぐらいバトンを相手の手に押し込む。これにより、受け手は次のバトンパスで大きくバトンを握り返さずに同様のバトンの受け渡しを行うことができる。

なお、オーバーハンドパス、アンダーハンドパスともに、バトンのもらい手が加速中にずっとバトンをもらう姿勢を作り、片方の腕振りを停止してしまうとその加速を阻害してしまう。そのため、渡し手がバトンを渡すことができると判断した時点で「はい」などの声かけをし、その合図で受け手がバトンを受け取る姿勢に入ることが重要である。

⑤ 2種のバトンパスの利点と欠点

以下に、オーバーハンドパスとアンダーハンドパスの利点と欠点をまとめる。

オーバーハンドパス（もらい手が後ろを向かない方法）

［利点］利得距離が大きい。

［欠点］利得距離を大きくするため、もらい手はバトンを受け取る腕を大きく後ろに上げて伸ばす。そのため、通常の疾走動作とは異なり、疾走スピードを上げにくく、リズムや姿勢を崩しやすい。また、バトンを受け取る腕を大きく後ろに上げて伸ばすことから、もらい手の腕の位置が安定しにくく、バトンを受け渡しにくい。

オーバーハンドパス（もらい手が後ろを向く方法）

［利点］渡し手がどのような状態でバトンを渡そうとしているのかが見え、スピード等を調整できる。同時に、疲れている前走者（渡し手）から、もらい手が能動的にバトンを受け取ることができる。

［欠点］後ろを向くため、もらい手の動作は大きく変化し、大きな加速を得られず、リズムを崩しやすい。

アンダーハンドパス

［利点］もらい手は腕を上げず、通常の疾走動作に近い形でバトンを受け取れることから、疾走スピードを上げやすく（加速しやすく）、リズムや姿勢を崩しにくい。また、もらい手は腕の位置が安定し、バトンを受け渡しやすい。

［欠点］利得距離が小さい。

全体としては、オーバーハンドパスは利得距離を大きくできるものの、バトンパスやその疾走動作に不安定さを生じやすく、アンダーハンドパスはバトンパスやその疾走動作の安定性を高めるものの、利得距離を大きくできない。いずれの方法を用いるかは、疾走能力や個々の特性によって異なるため、一概には言えない。ただし、最も重要なことは、いずれの方法であれ、できるだけ大きな疾走スピードで、かつ疾走のリズムを崩さずにバトンを受け渡しできるかという点であり、それがより得やすい方法を選択することが重要である。

(2) 学習の目的と具体的な技能の目標

　リレーにおける学習の目的は、短距離走の目的を基礎とした上で、「できるだけ大きな疾走スピードを発揮している中で、いかにリズムよくスムーズにバトンの受け渡しを行えるか、という2つの課題を同時に適切に行うことができる」ことにある。

　2つの運動課題を同時に、しかも全力を発揮する中で達成することは非常に難しい。リレーにおけるバトンパスは、そのような課題を学習し、可能としていく上で最適な教材といえる。「どのようにバトンパスを行うか」「どこにダッシュマークを記すか」という課題は、この目標を達成するための手段であり、それ自体が目標とはならない。

［課題と対策］

　バトンを仲間同士で繋いでいくリレーは、誰もが興奮し、全力を発揮しやすい種目である。しかし、その興奮は、リレーの最重要課題である「バトンを受け渡す」ことをなおざりにしてしまうことも多い。そのため、リレーの学習では、「できるだけ大きな疾走スピードで、走者のリズムを乱すことなく、スムーズにバトンパスを行う」ことの重要性を意識させ、その結果を目に見える形で提示し、評価することが大切になる。

　しかし、そのため、バトンパスの練習のみを行っていては、逆に学習者は疲れ、飽きてしまう。楽しみながら効果的なバトンパスができる工夫をしたり、他者観察・自己観察を多く取り入れながらバトンパスが上手くいく方法を考えさせたりする工夫が重要である。

(3) リレーを「わかって・できる」指導の工夫

　小学校でよく行われている「鬼ごっこ」は時代を超えて最も親しまれているゲームの1つである。小さな子どもがバッタやチョウチョを追いかける光景は

よく目にするが、リレーはそもそも、この「追う」「追われる」行動から派生した種目である。それゆえ、その欲求に基づく学習の場を工夫していくことが、より強い動機づけにつながっていく。

リレーでは、ダッシュマークの至適距離を計算で求める方法なども考えられている。しかし、そのような方法でリレーの学習にアプローチするのではなく、学習者自身が楽しみながら、そして試行錯誤を繰り返しながら、リレーの目標に近づいていくことが望まれる。

実践1──ウォーミングアップ──ねことねずみ

「ねことねずみ」はリレーの学習における導入として、またウォーミングアップの一部として最適な方法の1つである。2つのグループに分かれ、出された質問の答えに該当するグループが逃げ、該当しないグループが追いかける単純な追いかけっこである。逃げる人に設定したゴールラインまで逃げ切ることができれば勝利、追いかける人はそのラインまでにタッチできれば勝利となる。質問では、他教科で学習している内容（数学、歴史、地理等）を用いたり、設定した勝利数に到達したら見学・応援できる等のルールを加えたりすると、より動機づけを高めることができる。

［実施方法］
① 中心線を挟んで2人の学習者が体操座りをし、後方に伸ばしたお互いの腕が届くか届かないかの間隔を取る。
② 交錯すると危ないので、横の間隔も十分に取る。
③ 中心線から左右20mほどのところにゴールラインを引く。
④ 質問内容とその答えによりどちらの側が逃げるのかを決める（例えば、足し算で偶数の場合、右側が逃げ、奇数の場合、左側が逃げるなど）。
⑤ 質問者（先生や見学者）が質問を大きな声で出す。
⑥ 質問の答えに該当する側が逃げ、該当しない側がゴールラインまでにタッチできるよう追いかける。

実践2——ダッシュマークの距離を決める追いかけっこ走（図25）

ダッシュマークを置く距離を決めるため、しっぽ取り鬼ごっこを利用した追いかけっこ走を行う。ダッシュマークを置いた地点を前走者が通過した瞬間、次走者は走り始め、テイク・オーバーゾーンとして設定した20mの中で前走者がそのしっぽを取ることができれば前走者の勝利、取ることができなければ次走者の勝利とする（ブルーゾーンを用いる場合、30m区間を設定する）。次走者が走り出すスタートラインより手前には、1mごとにラインを引き、前走者が何m手前に来た時までは逃げられたかを記録する。そのうち、前走者が勝利することのできた最大距離をダッシュマークの距離と決める。

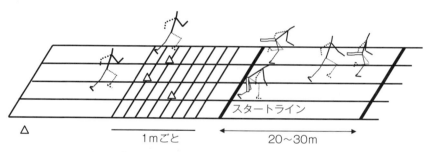

図25　ダッシュマークの距離を決める追いかけっこ走

実践3——2×50mリレー（図26a）

1人が50m、2人で100mを走るリレーを行う。各々の50m走タイムの合計をあらかじめ算出し、リレーではその合計タイムよりどれだけ速くなったかを競う。グループ間等質・グループ内異質のグループを作り、グループ全体でどれだけ速くなったかの対抗戦にすると、誰と誰を組ませるかといった作戦も立てられ、より動機づけを高めることができる。なお、このリレーの特徴は以下の通りであり、学習者にもその特徴を理解させる。

① 第1走者に足の速い人、第2走者に足の遅い人で組んだ場合
　［利点］第1走者が第2走者に追いつかない可能性は低い。
　［欠点］スタートからの加速区間が含まれるので、足の速い人の疾走スピードを十分に生かせない。
② 第1走者に足の遅い人、第2走者に足の速い人で組み合わせた場合
　［利点］足の速い人が加速後バトンをもらうので、大きな疾走スピードを十分に生かすことができる。
　［欠点］第1走者が第2走者に追いつかない可能性が高くなる。
③ 同じくらいの足の速さの人を組み合わせた場合
　［利点］メンバー同士の疾走スピードの差がなく、バトンパスが容易になる。
　［欠点］スタートの得意不得意を除き、個々の特徴をあまり活かすことができない。

(a) 2 × 50mリレー

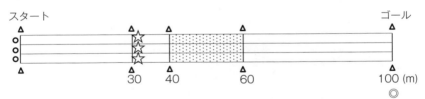

(b) 2人で100mリレー

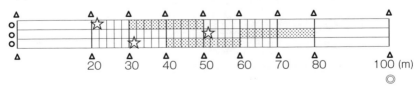

o第1走者　☆第2走者　◎タイム計測者　▨▨▨テイク・オーバーゾーン

図26　(a) 2 × 50mリレーと、(b) 2人で100mリレー
2人で100mリレーでは、それぞれの走者の特性を活かし、お互いの疾走距離を決めるため、第2走者のスタート位置が異なってくる。よって、時間走のような場づくりが必要となる。

実践4 ── 2人で100mリレー（図26b）

2×50mリレーの応用として、2人それぞれが走る距離を自由にし、100mを2人でつなぐ。ただし、各々が走らなければならない最低距離（例えば30m）は決めておく。距離を自由に設定するこの方法は、走るのが得意な学習者の疾走距離を長くするなど、2×50mリレーよりさらに50m走タイムの合計を短縮するための作戦を立てることができる。このリレーの特徴は、以下のようになる。

① 足の速い人と遅い人を組み合わせた場合

［利点］速い人が多く走ることで、タイムのより大きな向上が期待できる。

［欠点］メンバー同士の疾走スピードの差が大きすぎ、バトンパスが非常に難しい。

② 同じくらいの足の速さの人を組み合わせた場合

［利点］メンバー同士の疾走スピードの差がなく、バトンパスが容易になる。

［欠点］互いの疾走距離を変えても、あまりタイムに影響しない。

実践5 ── スウェーデンリレー

スウェーデンリレーとはもともと1910年代にスウェーデンで行われていた100m・200m・300m・400mの距離の異なる1000mメドレーリレーに由来する。学習の中では、グラウンドの大きさなどの状況に合わせて、疾走距離などを柔軟に変更する。「2人で100mリレー」のように、「4人で○○m」として、各々の疾走距離はチームで自由に設定する形を取ることも1つの方法である。

実践6──ワープリレー

　距離の異なるトラックを3通りほど設定し、それぞれの距離を何名走るか、あるいはチームで走る合計距離を決めてリレーを行う。それぞれのトラックを何番目に誰が走るかはチームの自由とする。視覚的に、抜きつ抜かれつの状況がはっきりし、走る距離の違いによって順位が大きく変動するため、非常に盛り上がりが期待できるリレーとなる。ただし、3種類の距離のトラックを作る等、準備に時間がかかることが欠点である。なお、この準備の大変さとバトンパスの成否をしっかりと確認できるようにするため、テイク・オーバーゾーンは1カ所もしくは2カ所にとどめ、すべてのバトンパスがそこで行われるようにする。

3　短距離走・リレーにおける教師の関わり方

　体育の学習において、「教師（指導者）」はあくまでも補助者であり、主役ではない。その役割は、学習者がある「課題」に対し、試行錯誤を繰り返しながら、運動感覚に基づく「答え」を導き出していく過程で助言や補助を行うこと、あるいは学習者が「課題」に対する「答え」を楽しく積極的に見つけていける「場づくり」を行うことである。

　それは短距離走・リレーの学習においても例外ではなく、学習者に教師が「教えなければならない」ことは、安全性を確保するための、例えば「バトンパスは、必ずお互い逆側の手と手で受け渡しを行う」といったルールやマナーなどである。

　陸上競技は、他のどんな競技種目より、そのパフォーマンスが学習者のもつ体力要素すなわち身体資質に左右される。そのため、各々の学習者が各々の能力を伸ばしたとしても、学習者間の能力差は埋められないことが多い。このことは、学習時における「A君は速くてすごい」「B君は遅くて…」などの評価

を生じさせ、学習者それぞれがもつ能力の下で陸上競技を楽しみながら学習し、その能力を向上させようとする取り組みにはそぐわない。このような評価は、時間走や各走者の疾走距離を自由にしたリレーにおいても、「B君は足が遅いから短い距離で」といった負の側面を大きくしてしまう。したがって、教師は、「顔が1人ひとり異なるように、運動能力もまた1人ひとり異なる」ことや「他の人との比較ではなく、個々の能力を向上させる重要性」を学習者に伝え、各々の学習者が各々の持っている能力を最大限に引き出すことが重要であるという共通認識をもたせることが必要である。

　短距離走やリレーの学習における最終的な目標は、その特性や技術を理解し、それを意図的に行うことが「わかって・できる」ことにある。教師もまた、どうすればうまくいくのかを「わかり」、学習者の見本となるような動きが「できる」ことが重要である。しかし、より大切なのは、「どのような感覚で、どのように行えば、どのような結果になるのか」について「わかっている」ことである。動作の見本は、上手にできる学習者に示してもらえばよい。そして、教師は、「何をどのように行うべきか」といったコツを学習者の運動感覚に共感した言葉で伝えることが重要となる。「膝の角度は90度で…」といったものではなく、学習者が感じているだろう「ギュッと」や「パンッと」といった感覚的な言葉で、動き方ややり方を助言していくことが、学習者の能力向上に大きく貢献することになる。

　学習後には、そのまとめとして、学習ノートを作成させることが望ましい。学習ノートには、学習の目標と行った内容の列記だけではなく、その中で得た感覚やそれに伴い生じた結果について記述させる。これは、みずから得た運動感覚と、その結果として生じた身体動作や運動結果を、より明確に結びつけさせる上で重要な手段となる。行った学習内容を時系列に記すだけでは何の効果もない。また、言葉だけではなく、身体の動きをイメージし、絵などで表現すると、さらにその結びつきを強くすることができる。

4 評価

身体運動の学習では、課題となる運動を「わかって・できる」ことが最終的な目標とされる。短距離走の学習でも、その力学的・生理学的・心理学的な基本的特性を理解し、それを運動感覚を通して動きへと結びつけることで、より速く走ることができることが最終的な目標となる。その評価方法として、以下の点があげられる。

1）短距離走における「速さ」の評価

短距離走のパフォーマンスには、生得的な要因が非常に大きな影響を及ぼす。したがって、走る速さを単に比較し、その優劣だけで評価することは、順位の変動が少ない「速い」「遅い」を比較するだけとなり、その学習過程で「どれだけ進歩したか」を評価することにはならない。

したがって、「学習の開始時からどれだけその疾走スピード（距離走であればタイム、時間走であれば疾走距離）を伸ばすことができたのか」が最も重要な評価基準となる（個人内評価）。

同時に、「学習開始時の状況から目標値を定め、それに対してどれだけ近づくことできたのか」を評価することも重要である（絶対評価）。

目標値については、過去の学習における到達値の平均値や同年代の市町村記録など、学習者が達成できそうな、かつ興味を示すような水準の値を、学習者の状況に応じて設定するのが良い。このような評価は以下のような到達率によっても判断できる。

$$到達率（\%） = \frac{（学習終了時の記録 - 学習開始時の記録）}{（目標記録 - 学習開始時の記録）} \times 100$$

2）リレーにおける「速さ」の評価

　リレーの特徴は全力疾走をしながら「バトンをつなぐ」ことにあり、その結果はバトンパスの成否で大きく変化する。したがって、リレーの学習では、バトンパスをいかに効果的に行うことができたかが評価の対象となる。具体的には、個々のリレーメンバーの疾走タイムの合計より、リレーのタイムがどれだけ速くなったかがバトンパスの良し悪しを示し、リレーの評価基準となる。一方、リレーのタイムだけによる評価は、リレーの特徴であるバトンパスの評価を大きく反映しない。なぜならば、短距離走の記録が優れた者同士が組んだメンバーは、記録の低い者同士が組んだチームより、基本的にそのタイムが速くなるからである（表4）。

3）「動きへの気づき」の評価

　リレーの学習では、短距離走を基準とはするものの、そのなかに日常にはない動きが多く含まれる。そのため、学習者はその向上に向けて必要とされる技術を明確に意識することができる。しかし、単純かつ一般的な短距離走では、ただ単に「力いっぱい走るだけ」に留まってしまうことも多く、学習過程の中で「何を経験し、何を学んだか」を明確にできない可能性が高い。そのため、指導者は、運動のポイントを「わかっている」上で、学習開始時に把握した学習者の状況から、「何を」学ばせるか、そのためには「どのような」場づくりを行うかを考え、学習者に「速く走る」ための動きを「気づかせる」工夫が必要となる。

　そのような中で、「どのような感覚で行うと、どのような動きが生じるのか、また、どのような動きが自分の疾走スピードを伸ばすことにつながるのか」について、学習者がどの程度「気づいているか」を評価すべきである。これは、単に力学的・生理学的・心理学的な特性を理解することではなく、その知識を自分自身の運動感覚のもとで、実際の走動作につなげていくやり方を理解できたかという評価である。その評価方法としては、学習ノート等を作成

表4　2×50mリレーの記録表（例）

【チーム編成】

	A	B
氏　名		

【50m走タイムの合計】

Aのタイム（秒）	Bのタイム（秒）	合計タイム（秒）
+	=	

【2×50mリレーのタイムと合計タイムとの差】

試技	50m走合計タイム（秒）	2×50mリレーのタイム（秒）	タイム差（秒）
1			
		うまくいった点もしくは反省点	
2			
		うまくいった点もしくは反省点	
3			
		うまくいった点もしくは反省点	

し、上手くいった時やいかなかった時の運動感覚や、その結果としてどのような動きが生じたのかについて記述させることで、その気づき度を評価する等がある。

ハードル走

1　基礎知識

　ハードル走は、ハードルという高さのある障害物を跳び越えながら、ゴールまでの速さを競う種目であり、走ることを基盤とした種目である。しかし、ハードルを跳び越える技術の優劣がタイムに大きな影響を及ぼすため、短距離走の速い者が必ずしも速いとは限らない。そこがこの種目の面白さであり、特性でもある。

　ハードル走の特徴を規定している要素は、

　①疾走距離
　②ハードルの台数
　③ハードルの高さ
　④スタートから第1ハードルまで（アプローチ）の距離
　⑤ハードル間（インターバル）の距離
　⑥最終ハードルからゴールまでの距離

といったものである。ハードル走では、これらの要素を組み合わせることによって、ねらいに応じた、あるいは学習者のレベルに合わせたさまざまなハードル走を行うことができる。

（1）学校教育におけるハードル走

　学校体育におけるハードル走では、スピードを維持したまま、リズミカルにハードルを越していくことが目標とされる。ハードル走は、走運動と跳躍運動が組み合わされたものと捉えることができ、その動作は一連のリズムの中で何度も繰り返される。したがって、この運動では、リズムに乗って気持ちよくハードルを越えて走ることができれば、単に走ることとは違う楽しみを学習者は味わうことができる。

　公認競技会のハードル走では、正規規格である、高さ762〜1,067mm、幅1,200mmのハードルが用いられる。一方、体育の授業では、正規の高さのハードルだけではなく、それよりも低いハードル（400〜680mm）を用いて、上手に行えない学習者に配慮したり、学習者の負荷を減らすなどして、ハードルを越える技術やスピードを習得したりする必要がある。

　学習指導要領でも、男女ともに高さの規定はない。距離も、中学で50〜100m程度、高校で50〜110 m程度とされ、ハードルもそのあいだに5〜10台程度置くことが目安、とされるのみである。アプローチやインターバルの距離も定められておらず、学習者の技能・体力の程度やグラウンドの大きさに応じて弾力的に扱うよう示されている。

　ハードル走の条件を弾力的に変更する理由は、多くの学習者が「高さへの恐怖心」や「ハードルに脚をぶつけた時の痛み」、そして「3歩でインターバルを走れない」ことで、楽しさを味わえない状況が生じがちだからである。こうした要因は、学習者の動機づけを低くし、それ以降の学習の大きな妨げになる。したがって、学校教育におけるハードル走では、これらマイナスとなる要因を克服しながら、学習を進めていく場や道具の工夫が必要となる。

（2）ハードル走の5つの運動局面

ハードル走は、次のような5つの局面に分けることができる（図1）。

① スタート動作
② 1台目までのアプローチ（助走）
③ ハードリング（踏切、クリアランス、着地）
④ インターバル走
⑤ 最終ハードルからゴールまでの走

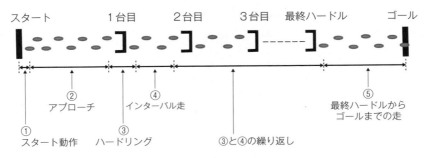

図1　ハードル走の5つの局面

局面1　スタート動作

限りあるアプローチの中で、できるかぎり大きな加速を得るため、スタートから3歩目まで前傾姿勢を保つ。1台目までの歩数は固定し、歩数が偶数歩であれば、ハードリングの踏切足は、スタート時には前足、奇数歩であれば後ろ足に構えてスタートする。

局面2　助走

スタート動作で得た加速をもとに、1台目のハードルに向かって踏切準備のための身体の起こしが開始される。この身体の起こしは、ハードルのない短距離走よりも早く生じることになるが、しっかり加速することが重要となる。

局面3　ハードリング

これはさらに踏切、クリアランス、着地の3つの局面に分けられる。

① 踏切（写真1）

踏切局面は、素早いハードリングを行う上で、疾走スピードを減速させないよう注意すべき重要な局面である。しかし、その反面、ハードル走で最もブレーキをかけてしまう局面でもある。そのため、疾走スピードを低下させないよう次の点を注意することが重要となる。

- 踏切1歩前から踏切までのストライドが大きくなり過ぎない。
- 踏切側の距離を、近過ぎたり、遠過ぎたりしないように保つ。
- 踏切（離地）時に上半身が直立したり、後傾したりしない（上半身が遅れた状態にならない）。

前傾を保ったまま離地する　　膝をまっすぐ引き上げ、膝はできるだけ屈曲しておく

写真1　踏切局面

- 振上脚を真っ直ぐ素早く引き上げる。膝はできるだけ屈曲した状態で振り上げる。ただし、この膝の屈曲の度合いは、ハードル高に対する身長比（下肢長比）に依存する。身長が大きい者は膝を強く屈曲しなくてもハードルを跳び越えられるため、振上脚の膝の屈曲を強く意識して引き上げる必要はない。

② クリアランス（写真2）

ハードルをクリアする時の身体重心の軌跡は、ハードルに対し放物線を描く（図2）。

放物線の頂点をハードルの真上からやや手前にすることで、踏切側の距離が着地側の距離より長くなり、スムーズな着地動作につながる。そのためには、次のような動作が必要となる。

- 足部がハードル上に到達する前に、離地前から伸展してきた振上脚の膝関節を伸展させる（完全伸展でなくてもよい）。
- 足部がハードル上を通過したあと、振上脚全体を着地動作に向けて振り下ろす。
- 踏切脚でもある抜き脚は、離地後、うしろに残し過ぎることなく、速やかに膝と足関節を十分に曲げ、ハードル上部をめがけて前方にもっ

ハードル上では振上脚の膝は伸ばす　　抜き脚の膝と足首は曲げたまま前方に持ってくる　　振上脚は膝を伸ばしたまま素早く振り下ろす

写真2　ハードルクリアランス局面

てくる。ただし、離地後、すぐ抜き脚を前方に運び、股関節が前後に開いていない姿勢でのクリアランスは望ましくない。その場合、その後振上脚全体を着地に向けて素早く振り下ろそうとすれば、身体全体が回転してしまうため、素早い振り下ろしができなくなってしまう。

- 抜き脚は膝がハードル上を通過したあと、同側の胸に引きつけるよう、膝を立て気味に、膝・足関節の屈曲を保ったまま、身体前方に引き出す。
- 上半身は、離地後、ハードルに向かいながら前傾させていく（ディップ動作）。ただし、ディップ動作において進行方向とは逆方向に腰を引く形で行われた場合、身体重心の効率のよい進行方向への移動が妨げられてしまう。したがって、上半身だけの前傾ではなく、必ず身体重心を前方に移動させながらのディップ動作を行う必要がある。
- ディップ動作は、頭部がハードル上に到達した際に最も深くなり、その後、徐々に前傾が解かれていく。振上脚の振り下ろし動作とタイミングを合わせることで、より効率のよい素早い動きをすることができる。
- クリアランス中、上半身は正面を向いたままにし、左右を向かない。

　クリアランスにおいて、学習時に見かけられる悪い例として写真3を示す。
　①は、振上脚の膝を屈曲したまま踏み切った例である。この場合、上体が起きてしまい、ハードルに対し高く跳んでしまう。
　②は、抜き脚を前方に持ってくる際に膝を立て気味に持ってくることで、抜き脚の動きが止まり気味になり、着地時に脚を前方に勢いよく持ってくることができない。いずれも初級者が身につけてしまいやすい悪い技術であるため、指導者は、後述するドリルなどを活用して、このように跳ばないよう十分注意する必要がある。

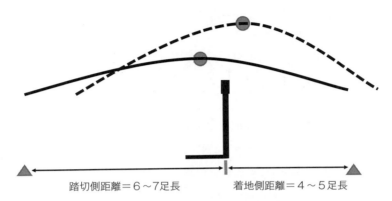

図2　ハードルをクリアする時の身体重心の軌跡
　　──　遠くから踏み切った場合（理想の軌跡）
　　--- 踏切が近い場合
　　●　最高到達点

踏切側距離＝6〜7足長　　着地側距離＝4〜5足長

①　　　　　　　　　　　②

写真3　クリアランスの悪い例

③ 着地（写真4）

着地時には、頭部、胸部、臀部、振り下ろした脚が一直線になり、その線（身体全体）がやや前傾していることが重要である。そのためには、以下のような動作が必要となる。

- 着地直前の振り下ろし脚は、やや後方に引き込みながら、身体の真下に足の前部で膝関節はしっかり伸展させ、足関節はやや底屈した状態で接地する。
- 着地時には、足でしっかりと身体を支え、臀部や大腿部後方の筋を用いて地面を後方へしっかりと押す。
- 抜き脚は、着地時の膝の高さを維持しながら、振り下ろし脚の着地に合わせてタイミングよく前方に引き出していく。

着地脚は体の真下　抜き脚の膝は曲げた　着地脚でしっかり
近くに接地する　　まま前方に引き出す　蹴る

写真4　着地局面

なお、ディップ動作が腰を後ろに引くように行われた場合、着地時に身体が一直線にならず、腰が抜けたようなつぶれた着地になってしまう。望ましい着地の動きができるかどうかは、どのような踏切を行い、どのようなディップ動作を行ったかに大きく依存することになる。

局面4　インターバル

　すべてのハードルを同じ側の脚で踏み切れるよう、3歩で走るとリズムにのって気持ちよく走ることができる。ただし、神経系の発達が著しい小学生などは、踏切脚が左右交互になるよう、インターバルを4歩で走るようにすると、左右どちらの脚でも踏み切ることができるようになる。インターバル走では、以下の点が重要である。
　　・やや前傾を保ちながら、膝を斜め前方に引き上げながら走る。
　　・踵からではなく、足部の前部で接地するようにし、腰の位置を高く保つ。

局面5　最終ハードルからゴールまで

　最終ハードルを越えた後、疾走スピードをゴールに向かって再び上げる局面である。

（3）ハードル走に必要とされる体力要素

　ハードル走では、特有な技術だけでなく、以下に示すような基本的な疾走技術や体力要素が必要になる。

① スピード

　ハードル走は障害物のある短距離走とも考えられ、短い距離を速く走ることがその基本となる。そのため、短距離走の効率のよい疾走動作を身につけることが重要になる。また、その動作を素早く行うことができる能力も必要となる。

② 筋力とパワー

　短距離走では、身体を前方へと効率よく移動させるため、身体各部が協調し

て大きな力を発揮することが必要となる。ハードル走では、そのような短距離走に、「踏み切って跳び上がり、その後着地する」という連続ジャンプ的要素が繰り返し加えられるため、接地時にできるだけエネルギーを蓄積し、身体を前方へと推進する続く局面で、そのエネルギーを効果的に放出する伸張−短縮（SSC）サイクルの能力がより必要とされる。

③ 持久力

ハードル走では、長距離走選手に求められるような持久的な運動能力はあまり求められない。もちろん、ハードル走を何本も走ったり、疲労を早く回復させる点などからは、持久的能力も重要である。しかし、より直接的に重要なのは、50mや100mといった短距離の中で、連続的に何台ものハードルを素早く跳び越えていくためのスピードや、スピード持久力などの無酸素的な能力である。

④ 柔軟性

ハードル走では、ハードルをできるかぎり低く跳び越えるため、体幹の前傾を大きくし、ランニング時よりも股関節を大きく動かすなど、身体をよりダイナミックに動かさなければならない。特に、踏切時の振上脚の前後開脚や、踏切後の抜き脚を側方から前方に移動させる動きに関わる股関節の柔軟性は、パフォーマンスに直結する重要な要素となる。ただし、その柔軟性は、関節の可動域が単に大きいといった静的柔軟性だけではなく、大きな可動域で素早く動かすための動的柔軟性がより重要となる。

⑤ バランス

空中に跳び出して不安定な姿勢が作りだされるハードリングは、身体各部に働く作用・反作用の力でそのバランスを保っている。そのため、それらの動きが協調され、タイミングよく実行されることが必要である。また、ハードリングの踏切と着地時には、片足立ちの不安定な状態の中で、身体に大きな荷重が

かかることになる。したがって、それらの局面でバランスを崩さないためには、器械体操などで必要とされる、身体の空間的な位置を把握する能力が必要である。

⑥ 動きのリズム

ハードル走では、インターバルを走る際、固有の運動リズムが発生する。それは、ある長さのインターバルをある歩数で走り抜ける際に形成されるリズムである。疲れたり、一緒に走る他の走者に同調したりしてしまうと、各自が定めた歩数で一定のリズムを継続的に刻むことが困難になる。テンポよくリズミカルに走ることがハードル走の楽しさにつながるため、このリズムの維持は、ハードル指導のうえで重要な要素である。

2　学習の目的と具体的な技能の目標

学校教育の中でハードル走を学習する目的は、以下の通りである。

① 障害物を素早く、安全に、効率よく跳び越えていける身体の使い方を理解し、実践できる。
② リズムよく障害物を超えていく楽しさや面白さを実感し、運動の楽しさを実感できる。

ルールやマナーを大切にし、楽しく学習していく中で、これらの目的を達成するためには、具体的に次のようなことが目標とされる。

① 望ましい動作をみずからの運動感覚と照らし合わせながら理解する。
② 動きやリズムの違いを意識し、動作を意識的にコントロールすることができる。

すなわち、特有のリズムが生じるハードル走の中で、学習者それぞれがみずからの感覚をもとに、ハードルを効率よく、リズムよく越える動きが「わかる」、そして意識して「動くことができる」ことが重要となる。その結果として、できるだけ高いスピードを維持しながら、ハードルを気持ちよく効果的に跳び越し、リズムよくインターバルを走りきることができることが求められる。

［課題と対策］
　体育授業において、運動の苦手な学習者は、「ハードルは高くて怖い」「あたったら痛い」「足が遅いからハードル走も遅い」というふうに、学習前から否定的な捉え方をすることが多い。しかしこれらは、指導者が場を工夫することで克服可能な課題でもある。
　ハードル走は、単に「走る」ことが中心となる短距離走や長距離走とは異なり、目標物となるハードルがある。目標物があることは、それに対して「どのようにすべきか」という運動目的を明確にできるとともに、その目的に挑戦しようとする動機づけも強くすることができる。また、ハードルの高さやインターバルの距離を学習者に合わせて変更する、インターバル間に目標物を置く、ハードルにあたっても痛くないようにする、などの工夫によって、思い切ってハードルに挑むことをより容易にできる。
　また、運動の苦手な学習者にとっては、「速い」「遅い」「上手」「下手」といった順位の固定化が、ハードル走への興味を減退させる要因となる。そのため、ハードルを横一線で一緒に跳ぶシンクロ跳び、ハードルを用いたリレー走や、ハードルの高さや距離を変えるハンディ走などを、授業の中に随時組み込んでいくことが重要である。それらは、ハードル走を仲間と協力しながら楽しく行うことにもつながり、その面白さを実感できることにもつながっていく。
　このような条件の工夫は、運動の得意・不得意に関係なく、インターバルでの素早いピッチを伴った「リズミカルな走り」や、余分なブレーキをかけずに踏み切って、インターバルで得たスピードのままハードルを走り越える「滑ら

かなハードリング」を達成する手段となる。また、技術が上達する過程では、ハードルを低くリズミカルに跳び越す場の工夫をすることで、タイムの短縮を図ることができる。

　さらに、学習カードの利用も学習者の動機づけを高める有効な手段である。それは、仲間と評価表をもとに話し合って、他者観察や自己観察を深めることや、各回のタイムをチェックし、自分の成長度を測ることなどにより、自分自身の学習の度合いを確認できるからである。

3　「わかって・できる」指導の工夫

　ハードル走を始めるにあたって、まず、振上脚を左右どちらの脚にするかを決定する必要がある。まずは、実際にハードルを跳んでみて、跳びやすいほうにする。それで決定できない場合には、自分の利き脚をハードルの振上脚にしたほうが、ハードルは跳びやすくなる。わからない場合は、サッカーボールを上手に蹴ることのできる脚が利き脚であることが多いため、その脚を振上脚にする。

（1）ハードル走の技術を向上させるドリル

　ハードル走のタイム向上には、その技術の基盤となるハードルクリアランスの技術を高めることが重要である。しかし、その技術はハードル走の運動局面ごとに多数あり、その習得には多くの時間が必要となる。そのため、時間数が限られている学校体育で行う練習では、学習者のレベルに合わせたより効果的な方法を考えることが肝要である。そこで、ハードリングに必要な、個々の技術向上に特化したドリルを以下に示す。

実践1──振上脚の練習（写真5）

丈夫な壁（校舎や体育館等）を利用し、実際に跳ぶハードルの高さ（40〜68cm）にテープを貼り、やや遠くから1歩踏み込んで振り上げた脚の足部がラインの上にくるように跳びつく。脚は、膝を折りたたんだ状態から振り出すようにする。10回を2、3セット実施する。

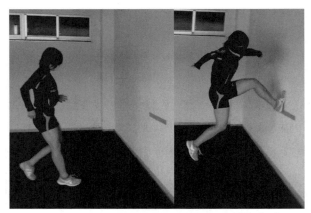

思いっきり跳びこむ

写真5　振上脚の練習

実践2──抜き脚の練習（写真6）

実際にハードルを使って、抜き脚の練習を行う。

前方に置いたハードルか壁を使って身体を支持し、連続した抜き脚動作を行う。身体は正面に向け、抜き脚の膝と足関節は屈曲させながら、ハードルを越すよう前方にもってくる。支持脚の膝関節はできるだけ伸展させたまま行う。20回を2〜3セット実施する。

抜き脚の膝と足首はしっかり屈曲させておく
つま先はまっすぐに固定

上体と下肢は一直線に

写真6 抜き脚の練習1

抜き脚の動作は、初心者はわかりにくいため、導入の練習として、ハードルのバーの部分を斜め（抜いていく方向側を高く）にして、バーに合わせて斜めに抜き脚を抜く練習を行っておくと、動作を理解できる（写真7）。

下腿を斜めにスライドさせ
膝を前方に持ってくる

写真7 抜き脚の練習2

実践3——歩行でのハードルドリル（写真8）

学習者が容易にまたぐことができるミニハードルや高さ40cm程度のハードルを3～4台準備し、2m～2m50cmの間隔に並べて、ハードルの横（①、②）や中央（③）を使い、歩きながらハードリングのドリルを行う。

①ハードルの横を使い、振上脚の引き上げ動作を行う。振り上げる脚の膝と足首をしっかり曲げたまま上方へ引き上げることを意識する。

膝と足首はしっかり曲げ
たまま上方に引き上げる

写真8①歩行でのハードルドリル　振上脚

②ハードルの横を使い、抜き脚動作を行う。これは最も基本的な技術なので、正確な動作を行うよう心がける。

抜き脚の膝と足首を曲げ
たまま前方に引き出す

写真8②歩行でのハードルドリル　抜き脚

③ハードルの中央を使い、両脚を使っての振り上げから抜き脚動作を行い、ハードルのまたぎ越しを行う。振上脚を振り下ろすと同時に、挟み込むように抜き脚を素早く前方に持ってくることを意識する。

両脚でハードルを挟み込むようにまたぐ

着地脚の足首はしっかり伸ばしておく

写真8 ③歩行でのハードルドリル　両脚

実践4──1歩跳びでのハードルドリル（写真9）

ハードルの中央を使い、インターバルを1歩（実際は着地と踏切の2歩）で連続的にリズムよくまたぎ越す。着地した次の1歩が踏切脚になるために、着地でブレーキをかけず、抜き脚を大きく前に持ってくることを意識させる。徐々にインターバルを長くしていくと良い。

上体はしっかり前傾

ブレーキをかけないよう体の真下に着地

抜き脚を大きく前に持ってくる

写真9　1歩跳びでのハードルドリル

実践5──抜き脚引き出しドリル（写真10）

　高さ20〜30cm程度の台と、その前に低いハードルを準備する。学習者は台の上に立ち、振り下ろし脚をハードルの向こう側に出した状態から、振り下ろし脚を身体の真下にしっかり引き込みながら台から降りる。振り下ろし脚の膝と足首を伸展させて身体をしっかり受け止めるよう着地しながら、抜き脚を前方にしっかり引き出す。

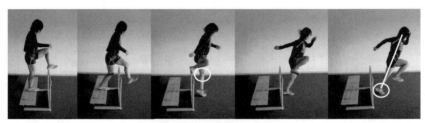

膝を伸ばして体の
真下に着地

しっかり地面を押して
抜き脚を前に引き出す

写真10　抜き脚引き出しドリル

（2）ハードル走を「わかって・できる」指導の工夫

1）インターバル距離の決定と練習

　ハードル走では、「走って跳ぶ」動作が連続的に繰り返される。そのため、ハードルクリアランス技術の習得と同時に、リズムよくハードルを跳ぶための自分に合ったインターバルを見つけることが重要である。
　岩田は、「ハードル走は子どもたちにとって『身体の喜ぶリズム走』であるべきで、誰もが『3歩のリズム』にチャレンジできるように、『自分に合ったインターバルのコース』を選択できる場づくりが求められる」と述べている（『体育科教育』別冊 , 大修館書店 ,2015年）。

しかし、3歩のリズムを調子よく刻むことのできるインターバルの間隔は、学習者の走力、体型、踏切や着地時の技術の優劣等によって、それぞれ異なる。そのため指導者は、3歩のリズムで走ることのできるインターバルを学習者に見つけさせるため、6m〜8m50cmまで、50cm刻みで何通りものインターバルを設定し、実際に跳ばせてみる（図3）。そして、滑らかに気持ちよく走ることのできる個々のインターバルを決定させる。

しかし、ハードル走が初めてだったり、苦手な学習者にとって、いきなりハードルを跳ばせることは、恐怖心が伴い、短いインターバルであっても3歩で思うように跳べないことが多い。したがって、最初はハードルの代わりにミニハードルか極端に低いハードルを用いて、インターバルを決定させることが必要である。その後、ハードル走に慣れてきたところで、低めのハードルを用いて再度インターバルを決定させる。

学習者がみずからのインターバル距離を決定した後、その距離を用いてハードル走の練習を行う。同時に、前述したドリルを組み合わせて実施することで、技術の向上が図られ、インターバル速度も上がり、インターバルのリズムも変容する。なお、インターバルの距離は固定せず、技能の向上が図られた段階で、再度各自に最適なインターバルの確認を行い、より滑らかに気持ちよく走ることのできるインターバルを設定していくことが必要である。

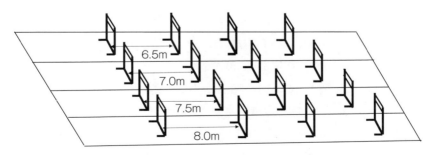

図3　インターバル距離の決定と練習に設定される場の例

2）ハードリングの練習

　タイムを向上させるには、インターバルを3歩で速く走ることと同時に、ハードルを低く越えることが重要になる。ハードリングごとに高く跳び越えていては、水平方向に進む上で非常に効率が悪いためである。そこで、ハードルを低く越えるためには、次のようなことが必要であることを理解させる。

> ① ハードルに対する踏切側の距離を、着地側の距離より長くする。すなわち、ハードルに対し、遠くから踏切近くに着地するようにする。踏切側の距離は、各自の足長で6〜7足長、着地側は4〜5足長を目安にする（93頁の図2）。
> ② 振上脚の膝を高く上げ過ぎないようにしながら、踏切足の離地後早めに、振上脚の膝を伸展させる。足部は背屈させながらハードル上を通過させる。

　上手にハードルを跳び越えている学習者の動きを観察させたり、ビデオカメラやタブレット端末を利用したりしながら、ハードリングの練習を繰り返し実践させることが必要である。

3）アプローチ（1台目までの助走）の歩数の決定と練習

　ハードル走全体のタイムは、ハードル走の出来栄えを客観的に評価する重要な1つの指標である。そのタイムに最も大きく影響する要因が、1台目から2台目をクリアする付近で出現する、最大疾走スピードである。ハードルへのアプローチは、この最大疾走スピードを生み出す重要な局面となる。

　アプローチでは、クラウチングスタートから短距離走のように十分加速し、できるだけ大きなスピードで1台目のハードルを越えることが大切であり、そのスピードが1台目以降のインターバル走にも影響を及ぼす。したがって、ここでの歩数を一定にし、いつでも同じ地点で踏み切り、安定した大きなスピー

ドで1台目のハードルへの踏切ができるようしていくことが大切である。

　そのため、学習者に合わせたアプローチの距離を最初に決定する。この時、50m走のタイム、性別、学年、体格を考慮し、アプローチの距離を11〜13mで設定し、歩数は8〜10歩程度で設定する。距離が短く歩数が少なくなると、十分な加速ができないため、インターバルをリズムよく3歩で走るだけのスピードが得られず、リズミカルに楽しくハードルを越えることが達成できなくなる。距離が長く、大きすぎるストライドでアプローチを走っても同様の結果となる。したがって、まずはリズムよく加速できる適切なアプローチ距離を設定することが必要である。

　学習者は、設定したアプローチ距離で、次のような練習を行う。

① 8歩から10歩のアプローチ距離を設定する。スタート後、歩幅が徐々に広がることを想定し、フラフープなどの目印となるものを規定の歩数分置き、その輪の中に足を着くように走らせる。ハードルはやや遠くから跳んだほうが良いため、最後の輪はハードルから遠目に設定する。ハードルは、ミニハードルなどを目印として置き、加速しながら踏み切らせる。

② アプローチは、少ない歩数で走ったほうがスムーズに大きな加速ができるため、9歩、10歩で走っている学習者は、より少ない歩数で跳べるよう挑戦させる。

③ 低いハードルを1台だけ並べ、跳んでみる（2台目以降は倒しておいて走り抜けても良い）。当初は輪を設置し、アプローチでの歩幅の目印として走らせるが、歩幅が安定してきたところで、輪をなくして行わせる。その後、ハードルの高さも、タイム計測を行う高さに徐々に上げながら練習させる。

（3）ハードル走を「楽しく学ぶ」指導の工夫

　ハードル走の学習を妨げる１つの要因として、高さのある障害物を跳び越える恐怖心がある。そのため、学習の導入時には、脚がハードルにあたっても痛くない用具や、高さをあまり感じさせない用具を使用する。脚があたっても痛くない用具や、跳ぶ目印になるハードルの代用品としては、以下のものが考えられる。

- 斜め半分に切った段ボール箱、カラーコーン、ペットボトル
- ハードルのバーをゴムにしたり、スポンジ製のカバーを付けたもの
- カラーコーンにバーをかけたもの
- プラスチック製のミニハードル
- カバー付きのバーが可動式になっているハードル（フレキハードル）

　これらの用具をそれぞれの練習の場において用いることで、思いきってハードル走に挑戦することができる。
　ハードル走を学習するには、各自が個別に練習するだけでは楽しさを実感することは難しい。そこで、仲間との競争を取り入れたり、楽しく実践でき、学べる学習の工夫が必要となる。以下にその方法について例示する。

実践6──シンクロ走

　ハードル走のタイムが近い２〜４名が、ハードルを同じインターバル間隔で４台設置した50mを横一線で並んで走る。一緒に走るグループで一番持ちタイムが速い学習者に、他の学習者がリズムを合わせて走る。速い学習者のリズムに合わせるようにすることで、他の学習者も自然とリズムが速くなる。

実践7──リレー走（図4）

1チーム4〜6名程度のグループを作る。50mのあいだにハードルを片道4台か5台、往復するように計8台か10台設置する。第1走者は50mハードルを走り、隣のレーンで待っている続く走者に、ゴール地点でバトンパスを渡す。ハードルを跳びながらチームでの競争を楽しむ。個々の学習者のハードル走タイムの合計タイムがグループ間でできるだけ均等になるようにすることで、盛り上がりのあるリレー競争になる。

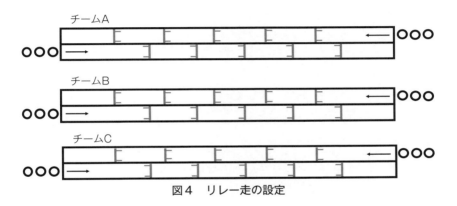

図4　リレー走の設定

実践8──ハンディ走

持ちタイムに大きな差がある学習者同士が競争しても、最初から勝敗がわかってしまい、陸上競技の面白さである競争する楽しさを味わえない。そこで、持ちタイムが遅い学習者のハードルを低くして実施したり、ハードルを1台少なくしたりして競争する。このようなハンディにより、タイムの速い学習者も遅い学習者も、勝負の面白さを味わうことができ、集中して練習に取り組むことができる。なお、短距離走と同様に、ハンディ走を行う場合、学習者には、人はそれぞれ能力が異なることを認識させ、その学習者のもっている能力を発揮し、伸ばすことが大切であることを認識させておく必要がある。

> **実践9──タイム申告走**

　50mにハードルを4台設置したハードル走を行う。速さを競うだけではなく、自分のタイムをあらかじめ申告し、そのタイムにどれだけ近いタイムで走れたかを競う。グループ対抗で行う場合、1チームを4人程度とし、その合計タイムを各グループで予測し、その合計タイムにどれだけ近いタイムで走れたかで優劣を競う。タイムの発表は、全員が走り終わってから行う場合もあれば、1人走るごとに発表し、続くメンバーがより考えながら走らせるようにする場合もある。

4　評価

　ハードル走の技術の向上は、そのタイムの向上に大きく関係すると同時に、リズムよく楽しくハードルを跳ぶことにもつながる。したがって、学習者がハードル走を「わかって・できた」かを評価するには、学習の最初と最後の違いだけではなく、学習過程の途中でも、そのつど学習の習熟度合いを評価し、確かめていくことが大切である。

　ハードル走の評価は、①ハードリングチェックシート等を用い、主観的にその技術（動作）を評価する方法と、②例えば50mハードル走と50m走のタイム差を算出することにより、その技術を客観的に評価する方法とがある。

1）チェックシートを用いた主観的評価

　チェックシートでは、その評価対象を、ハードル走全体、アプローチ、側面からと正面から、の3つに区分する。表1は、ハードル走の技術評価でチェックすべき重要なポイントをあげたものである。ただし、チェックすべきポイントが16カ所と多いため、特に大事なポイントとして丸数字の7つを示す。学習時間に余裕がない場合や学習者のレベルが低い場合は、この7つのポイント

表1　ハードル走の技術評価のためのチェックシート

番号	評価対象局面	チェックポイント	評価 良い	評価 普通	評価 悪い
①	全体（インターバルを含む）	3歩でリズムよく走れているか			
②		踏切と着地で減速していないか			
3		インターバルで上体が過度に前・後傾していないか			
④	アプローチ	1台目までスムーズに加速しているか			
5		踏切で跳び上がりすぎていないか			
⑥	ハードリング 側面から	遠くから踏み切って、近くに着地しているか 　踏切側＝6～7足長 　着地側＝4～5足長			
7		踏切脚でしっかり地面を蹴っているか			
8		振上脚の膝を屈曲したまま素早く引き上げているか			
⑨		踏切後、素早く振上脚の膝を伸ばし切っているか			
10		上半身がハードルに向かいながら前傾しているか（ディップ）			
11		着地時に頭部から振り下ろした脚まで一直線になっているか			
⑫		着地後、抜き脚がスムーズに前方に引き出されているか			
13	ハードリング 正面から	上半身と下半身が大きくねじられバランスをくずしていないか			
14		上半身がクリアランス中に右か左を向いていないか			
15		振上脚を真っ直ぐ振り上げているか			
⑯		抜き脚が早く立ちすぎていないか			

↑
チェックポイントは16カ所。そのうち特に重要なものを○つき数字で示してある

↑
該当するところに○をつける

で評価してみると良い。学習者自身も、このシートを用いて、仲間同士でお互いに評価をし、進歩の度合いを確認することで、技術の向上につながる。

2）短距離走のタイムとハードル走のタイム差による客観的評価

　走ることがどんなに速くても、ハードリングの技術が低くては、ハードルごとにブレーキがかかったり、高く跳びすぎたりして、速く滑らかにハードルを越えていくことはできない。逆に、走ることが速くなくても、巧妙な技術を身につければ、速度を落とさずにハードルを越えることができるため、滑らかにリズムのよいハードル走を行うことができる。

　そのようなハードリングの技術を客観的に測る方法として、例えば50mという距離を用いて、50m走と50mハードル走（4台）のタイムを計測し、その差を算出する方法がある。

$$\text{タイム差（秒）} = 50\text{mハードル走のタイム} - 50\text{m走のタイム}$$

　技術が向上すれば、ハードリングの際の減速も少なくなり、インターバルも速く走れるなどして、このタイム差は小さくなる。学習の後半では、学習の習熟度を確認するため、毎時間、学習の最後にハードル走のタイムを測定し、表2に示すような評価表に基づいて、それ以前に計測しておいた50m走タイムと比較すると良い。なお、評価ランクのタイム差は、学習者の技能レベルに基づいて決定し、学習者の実態とかけ離れたものにしないことが重要である。例えば、表2のD、E、Fランクの学習者ばかりが多く、AAやAが1人もいないような評価表では、学習者の動機づけを高くすることはできない。学習者がみずから「もう少しでAランクだ」などと、技術向上をより強く願うことのできる、評価ランクの作成が望ましい。

表2　技術レベル評価例

ランク	AA	A	B	C	D	E	F
タイム差	0.5未満	0.5〜0.9	1.0〜1.4	1.5〜1.9	2.0〜2.4	2.5〜2.9	3.0以上

長距離走

1 基礎知識

(1) 学校教育における長距離走

　学校教育の現場において、長距離走は嫌いな種目、苦手な種目の代表であろう。確かに、ある一定の距離や時間を全力で走ることは、それ相応のきつさを伴うものである。授業の単元に加え、体力テストや体力づくりの一環として、マラソン大会などのイベントとして、全力で走りきることを目標とした活動が行われてきたことが背景にあると考えられる。時によっては、授業やクラブ活動におけるなんらかの「罰」として長距離走が用いられたりすることも、この傾向に拍車をかけるものであろう。

　一方で、わが国における成人のジョギング、ランニングの実施者は増加傾向にあり、2014年には986万人と推計されている（笹川スポーツ財団, 2014）。生涯スポーツとして広く国民に親しまれている長距離走は、それ相当の「楽しさ」をもつはずである。授業においては、少しでも多くの学習者がその楽しさに触れ、長距離走に対して肯定的な印象を抱くような学習の工夫が必要であろう。

(2) 長距離走のキーワード

　短距離走の章でも述べたように、走速度はピッチとストライドの積として表される。ピッチは1秒間の歩数、ストライドは1歩で進む距離である。

走速度（m／秒）＝ピッチ（歩／秒）×ストライド（m／歩）

　長距離走では、走速度の表現として「ペース」が用いられることが多い。ペースは、一定の距離を走るのに要する時間で表される。つまり、速度の単位が距離／時間（m／秒、m／分、km／時など）であるのに対して、ペースの単位は時間／距離であり、「6分ペース」（6分／km）や「4分30秒ペース」（4分30秒／km）といった表現をする。長距離走で用いられる距離は、2,000mや3,000mというふうに、1kmの倍数になることが多く、ペースからゴールタイムも計算しやすいため、わかりやすい表現と言える。1kmあたりだけでなく、一定の距離あたり、例えば200mのトラックを用いるのであれば、「60秒ペース」（60秒／200m）といった使い方もできる。

　長距離走における途中時間の表し方として、スプリットタイムとラップタイムが用いられる。スプリットタイムはスタート地点からある計測地点までの経過時間（1km通過時間、2km通過時間など）、ラップタイムはある地点からある地点までの経過時間（1kmから2kmまでの時間など、トラックであれば1周ごとの時間など）である。

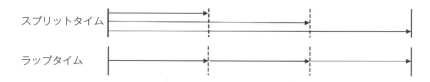

図1　スプリットタイムとラップタイム

　陸上競技では距離の単位として、トラック競技ではメートル（m）が、ロード競技ではキロメートル（km）が用いられる。したがって、同じ距離でも、トラックレースなら5,000m、ロードレースなら5kmと表す。

(3) 長距離走の特性

1) エネルギー代謝からみた特性

　走るなどの運動時における筋収縮には、ATP（アデノシン3リン酸）のADP（アデノシン2リン酸）への分解により発生するエネルギーが利用される。ATPは体内に少量（全力で運動すれば数秒で枯渇する）しか蓄えられていないため、人は、ATPの分解と再合成をほぼ同時並行的に行っている。このATP再合成のためのエネルギーは、①ATP-PCr系、②解糖系、③有酸素系の3系統から供給され、これにより、運動時であっても体内のATPはほぼ一定量が保たれることになる。

　通常、人は、有酸素系からのエネルギー供給を主要ルートとして用いている。食物から得た糖質や脂質などのエネルギー基質を、呼吸によって体内に取り込んだ酸素を用いて分解するのが、有酸素系からのエネルギー供給である。運動時にはATPの分解速度が増し、それに呼応してATP再合成速度も増加するので、より多くの酸素を摂取しようとして、換気量や呼吸数が増加する。

　通常、走速度と酸素摂取量は直線関係にあるが、ある速度で酸素摂取量は頭打ちになる（レベリングオフ）。その値を最大酸素摂取量と呼び、一定時間内（通常1分間）に生体が摂取できる酸素の最大量を表す（図2）。最大酸素摂取量の高低が、その時間内に作り出せるエネルギー量を制限することになる。

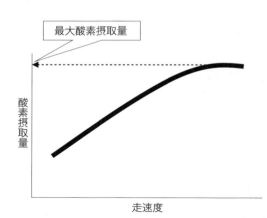

図2　最大酸素摂取量

逆に言えば、最大酸素摂取量が大きければ大きいほど、より大きな筋の出力を一定時間内に発揮し続けることができることになる。酸素を用いながら長時間運動する長距離走においては、最大酸素摂取量が大きいことが、パフォーマンスを上げるうえで重要な要素になる。ただし、これは最大酸素摂取量の絶対値ではなく、体重あたりの最大酸素摂取量のことである。「身体の大きさ」はすなわち「酸素を摂取する組織の大きさ」ということで、身体が大きければ大きいほど、基本的には最大酸素摂取量も大きくなるからである。身体が大きいことは、疾走中に自分の大きな身体を運搬する、すなわち大きな仕事を行わなければならないことを意味し、それは走能力に対してより大きな負の影響を与えてしまう。

　運動がある程度の強度（最大酸素摂取量の60％前後）になると、有酸素的代謝だけでなく、酸素を使わずにエネルギーを作り出す無酸素的代謝回路（解糖系）が立ち上がり、両者からエネルギーが供給される。ゆっくりしたペースのジョギングであれば、有酸素的代謝のみで行われる「有酸素運動」であるが、1,500mを全力で走るような場合は、無酸素的代謝も動員される「有酸素＋無酸素運動」となる。無酸素的代謝が立ち上がる運動強度（走速度）のことを、無酸素性作業閾値（Anaerobic Threshold; AT）と呼ぶ。ATに相当する速度が高いことは、有酸素エネルギーのみで走ることができる速度が高いことを意味しており、ATの高低もまた、長距離走のパフォーマンスに深く関わる指標となる。

　無酸素的代謝においては、代謝産物として乳酸がつくられるので、AT以上の走速度では血液中の乳酸値が急上昇する（図3）。ATを超えるレベルの速度になると、速度に応じたある程度のきつさ（無酸素的な疲労感）を感じるようになり、長時間の継続も困難になる。特に200〜1,500mを全力で走るような運動は、日ごろ運動をしていない学習者にとっては相当の強度であり、場合によっては吐き気や目眩を生じる場合も見受けられるようになる。長距離パフォーマンスを向上させるためのトレーニングとして無酸素的代謝が動員される高強度運動は重要であるが、授業で行う場合には注意しなければならない。

一方、AT 以下の速度は、会話も可能なレベルの運動であり、それほどのきつさを感じることもなく、爽快に比較的長時間続けることが可能である。長距離競技の中でも最も距離の長いマラソンは、苦しさと戦う代表のようなスポーツと考えられているかもしれないが、その速度は、一流ランナーであっても AT レベル、多くの市民ランナーにおいては AT 以下の速度で行われており、疲労の蓄積する 30km 以降はともかく、前半の 20km 程度までなら余裕をもって楽しみながら走ることができるのである。同じ走運動であっても、エネルギー供給系からみれば AT を境に全く質の異なる運動であり、運動中の気分や感覚も相当に異なるものになる。授業においては、AT を境にした走速度の使い分けが重要である。

長距離走の運動強度を表す指標として、走速度のほかに、相対的な（それぞれの学習者なりの）指標である心拍数や、主観的運動強度（RPE）を用いることができる（小野寺、1976；表１）。心拍数は酸素摂取量との相関が高く、測定も容易であるため、授業において運動強度を把握させたり、長距離走の特性を学ばせるうえで、有用性が高い指標である。RPE は主観的な運動強度（感覚的なきつさ）を運動者に 6〜20 の数字で答えさせるものであり、心拍数とのあ

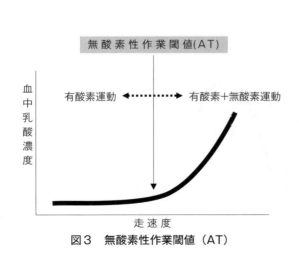

図３　無酸素性作業閾値（AT）

表１　主観的運動強度（RPE）

20	
19	非常にきつい
18	
17	かなりきつい
16	
15	きつい
14	
13	ややきつい
12	
11	楽である
10	
9	かなり楽である
8	
7	非常に楽である
6	

いだに高い相関が認められている（数字を10倍すると心拍数になる）。特別な器具を必要とせず、大まかに身体状態を把握できるため、授業においては使いやすい指標と言える。

２）筋収縮からみた特性

　人の骨格筋は、細い筋線維の束から成る。筋線維は、収縮速度が遅く疲労耐性があるST線維（遅筋線維）と、収縮速度が速いが疲労しやすいFT線維（速筋線維）とに大別される。ある人の骨格筋が、それぞれの筋線維をどれだけの比率で含んでいるのか、これを筋線維組成と呼ぶ。平均的に、人の筋線維組成は50％程度、つまり両者をおよそ半分の割合で含んでいるが、なかには極端な比率をもつものも存在する（図4）。ST線維の比率が高ければ持久的な体力に優れ、FT線維の比率が高ければスピードや瞬発力に優れることになる。

　筋線維組成は遺伝的に決まっており、それゆえ、持久力に優れる長距離型か、スピードに優れる短距離型か、どちらが得意であるかは生得的な要素が強い。それぞれの学習者は、固有の筋線維組成を持って生まれており、持久型やスピード型といった体力特性を有している。短距離走の速い学習者が長距離走も速いとは限らず、むしろ苦手な場合もある。学習者の特性を理解して授業を進めることも必要であろう。

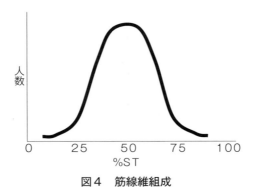

図4　筋線維組成

3）発育発達からみた特性

　第2次性徴期は、形態・体力面でも変化の大きい時期である。長距離走の能力と関係の深い呼吸循環器系の能力の評価には、前述の最大酸素摂取量が広く用いられている。最大酸素摂取量は、男女とも年齢とともに直線的に増加し、女子では15歳頃にプラトーに達するが、男子は13歳を超えて大きく増加したのち、15歳頃にプラトーに達する。最大酸素摂取量の増大パターンがこのように男女で違いがあるのは、骨格筋の増量パターンの違いに起因する。つまり、男子では、運動時に酸素を大きく消費する骨格筋が、第2次性徴期以降に大きく発達することによる。体重あたりの最大酸素摂取量は、女子では10歳、男子では15歳でピークを迎えるが、幼児期から高校期まで比較的差が少ない（図5）。

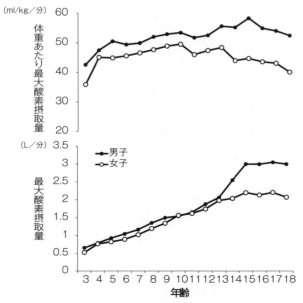

図5　幼児および青少年の最大酸素摂取量

学校体育において、最大酸素摂取量は新体力テストで実施する20mシャトルランの成績から推定することが多く、男女ともに13〜14歳でピークを迎える。短距離の章でも述べたように、小学生期は解糖系の能力が未発達なため、あらゆる運動パフォーマンスが有酸素系に依存し、走り回っても疲れにくい（無酸素的な疲労を感じにくい）。一方で、第2次性徴期以降は、解糖系能力の発達に伴い走能力自体は向上するが、これはきつさ（無酸素的な疲労）を感じやすくなることも意味し、中学・高校期において学習者が長距離走を嫌いになる一因にもなっている。

4）走動作の特性

　出力したエネルギーを、目的とする運動パフォーマンスへと効率よく変換する動作を獲得することは、どのような運動においても重要であり、走運動では推進力につながるような動きを身につける必要がある。しかし、走運動は、単純な運動のように思えるかもしれないが、誰もが自然に獲得し特別に意識して動作を行っている運動ではないだけに、むしろ修正することは簡単ではない。
　運動は、脳の命令（意識）による筋力発揮によって遂行される。しかし、実際の身体の動きは、発揮される筋力、動きに伴う慣性、重力などの力の複合的な作用によって生じるため、意識と動きのあいだにはギャップが生じることも多い。例えば、着地直後に膝は軽く屈曲するが、これは膝を屈曲させようとしているのではなく、むしろ身体を受け止めるために膝の伸展筋力が発揮されている、などである。まず、学習者に効率のよい動きとはどのようなものかを理解させ、その上で、それを実現するためにどのような意識（動きのイメージ）をもてばよいのかを教えながら、技能の学習を行うべきである。

①効率のよいランニングフォーム

　効率のよいランニングフォームとは、着地のブレーキを小さくし、キック力をしっかりと地面に伝えることができる動きである（図6）。そのためには、

第Ⅱ部　種目別 学習指導法

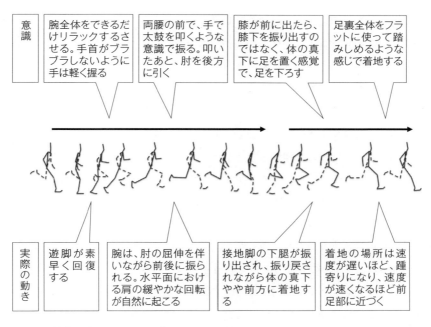

図6　効率のよいランニングフォーム（意識をおく点と、目標とする実際の動き）

キックの直前の段階である着地を意識し、しっかり地面を踏みしめ身体を支える感覚をもつことが重要である。感覚的には、一方の足が着地したら直ぐに前方に回復しつつある逆脚に意識を置き、足が身体の真下に着地するよう真直ぐに下ろして着地する意識をもつと良い。回復中の脚は前方への慣性（勢い）をもっているので、結果的に、下腿が前方に振り出され、振り戻されながら身体の真下やや前方に着地するブレーキの小さい着地につながるだろう。土のグラウンドを走る場合に、ザッザッと土を擦るような音が大きければ、ブレーキの大きな着地になっているおそれがあるので、良し悪しの判断の目安にする。

　左右の脚は走行時に、片方が前方へ動けば片方は後方へと、対称的な動きをする。着地の動きを意識することは、後方から前方へと回復してきた脚が後方に動きを切替えるタイミングを早めることになる。このことは、逆脚の前方への回復を早めることにもつながるのである。逆に、後方へのキックを意識し過

ぎると、脚が後方に大きく回転してしまい、前方への回復が遅れてしまう（いわゆる脚が流れた状態）。このことは、前方に回復してきた逆脚の後方への切替えの動きが遅れ、下腿が大きく振り出される、ブレーキの大きな着地につながるので注意が必要である。

着地は、足裏全体でフラットに着地する意識をもつと良い。感覚的には、真上から地面を押す、足の真上に乗る、足の真上に身体をもってゆくような感じである。ただ実際には、踵から着地したり、前足部で着地したりする場合も見られるようになる。これは個人の技能や形態の特性によるものであり、意識的に足のどこか（踵や前足部など）で着地しようとすると、着地時にブレーキを生ずる動きにつながりやすいので、注意が必要である。また、走速度が遅いほど着地位置は踵寄りになり、速くなるに従って前足部に近づくようになる。

腕振りは、手首がブラブラしないよう手を軽く握り、腕全体をリラックスさせることが大切である。左右の腰の前で軽く太鼓を叩くような意識で素早く手を振り、そのまま後方に肘を引くと良い。腕と脚の動きは連動しているので、太鼓を叩く動きと逆脚の着地のタイミングを合わせるよう気を付ける。

② **ピッチとストライド**

走速度はピッチとストライドの積であるため、ペースの変化に対応することは、ピッチとストライドを変化させることでもある。しかしながら、ピッチを早めようとする意識は、しっかりと地面をキックしないことにつながりやすく、ストライドを大きくしようとする意識は、脚が後方に大きく回転し（脚が流れ）オーバーストライドにつながりやすい。このように、ピッチとストライドのどちらかを意識しすぎることはマイナスに働くことが多いので、この点に注意して、適切なピッチとストライドを選択することが必要である。

③ **重心の上下動**

走運動は、水平方向（前方）へ身体を移動させる運動である。同時に、小さな跳躍の連続でもあり、一連の運動の中で空中局面と着地局面が連続して生じ

る、重心の上下動の連続運動とも言える。重心の上下動は、エネルギーの無駄遣いにつながり非効率的と思われがちだが、それ自体は1歩1歩の小さな跳躍により自然に生じるものであり、身体を空中に放り出す以上、ゼロにすることはできない。むしろ、重心の上下動は、着地の衝撃を弾性エネルギーとして蓄えて次のキックに利用する、効率のよい走りにつながるものである。重心の上下動は走速度やストライドの組み合わせにより決定され（走速度が遅いほど、ストライドが大きいほど上下動は大きい）、意識的に上下動をコントロールすることは困難であろう。

　とは言え、過度な重心の上下動は非効率である。着地中の重心の大きな下降は、前方過ぎる着地により引き起こされるため、下腿が振り戻される有効な着地動作を身につけることが重要である。また、空中期の重心の大きな上昇は、過度なキック動作によって生じるため、有効なキック動作を身につけることが重要である。つまり、有効な着地・キック動作を獲得することが、結果的に重心の安定（適度な上下動）にもつながるのである。

④ 呼吸法

　長距離走は身体に酸素を取り入れながら行う有酸素運動であるため、呼吸法も重要なポイントである。腕や脚の運動と呼吸のリズムを同調させると、楽に走ることができるので、1歩1歩の着地に合わせて「吐、吐、吸、吸」を繰り返す「4歩1呼吸」を基本にすると良い。この呼吸法は、走速度が上がるほど維持が難しくなるため、「3歩1呼吸」や、「2歩1呼吸」へ、呼吸しやすいリズムに変化させると良い。

⑤ ランニングフォームの学習

　ランニングフォームの学習には、次のような方法があげられる。

実践1──その場での腕振りからゆっくりしたジョギングにつなげる（図7）

① 両足を肩幅に開いて立ち、左右の腸骨の前で、手を、軽く太鼓を叩くような意識で振る。肘関節の屈伸が自然に起こるよう、手の上下の動きを意識する。

② 手を叩く動きを、逆側の脚を真っ直ぐに下ろす動きにつなげるように、手の動きに合わせて逆足で地面を踏みつける。地面をしっかり押すことを意識して身体を軽く上下動させる。腕と脚のタイミングを合わせること。

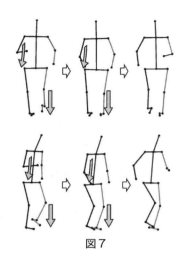

図7

③ 地面を押す動きを大きくしていくと足踏みになるので、そのままゆっくりしたジョギングに移行する。ゆっくりしたジョギングであれば、下腿を振り出す動きが起こらないので、下腿が振り出されすぎる（同時に、後方へ足が流れる）動きの改善につなげることができる。

実践2──姿勢づくりから走りにつなげる（図8）

足の裏全体で身体を支える感覚をもって直立し、胸を張る。直立姿勢は崩さず、前方を見て、片方の膝を上げながらゆっくりと重心を前方へ移動させる（直立のまま体を前方へ倒す）。これ以上倒すと転んでしまうというところで、足を下ろして着地する。足は、身体の真下で着地する感覚で真っ直ぐに下ろし（実際には身体のやや前方に着地する）、しっかり地面を押す（あるいは足の上に体を乗せる）。その感覚を続けられるよう意識して、ゆっくりしたジョギングに

つなげる。

ペースを上げると、下腿を振り出す動きが出やすく、着地のブレーキにつながりやすいので注意する。

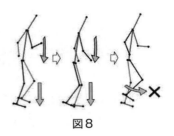

図8

5）学習材としての特性

陸上競技における長距離競技は個人競技であり、AT（無酸素性作業閾値）レベル、あるいはそれを超える強度の疾走を一定の速度で淡々と続け、ラストスパートでは有酸素・無酸素的代謝能力を総動員し体力を尽くしてゴールする。観戦するには日本人好みの感動を呼ぶ競技であるが、学習者に行わせるとなると、きつく苦しい活動となり、「長距離嫌い」が加速してしまう。しかし次の項で述べるように、学校体育における長距離走の単元では、単にパフォーマンスの向上を目指すばかりでなく、学習者みずからが主体的な学習を通して楽しさや喜びを感じながら、競走したり記録の向上を目指したりする学習活動が重要である。そのような観点から、学習材としての長距離走は、次のような特性を有している。

① 走能力に個人差はあっても「できる」「できない」といった達成型ではないため、学習者の能力に応じた参加が可能である。
② 運動強度が比較的一定であり、自分で運動強度を調節できる。
③ 走速度や客観的指標となる心拍数やRPEなどの運動強度を、自分で（あるいはお互いに）設定でき、自己の課題が見つけやすい。
④ 運動速度が比較的遅く、同じ動作の繰り返しであるため、他の運動に比べれば観察が容易である。

このような特性により、次のような活動を授業の中に盛り込むことができる。

① ゴールタイムや、そのタイムで走るためのペースやラップタイムなどの目標設定を行う。
② 心拍数やRPEなどの呼吸循環系の生理的指標、速度やピッチ、ストライドなどのバイオメカニクス指標を、学習者同士で測定する。
③ これらの指標を、目標設定に利用したり客観的に評価したりする。また、健康教育への指導として、保健の授業と関連づける。
④ 小グループでの活動を通して、学習者同士がお互いに観察し評価し合うと同時に、励まし協力し合う。

　このように、長距離走は個人スポーツではあるが、学習者が自己の目標を設定し、他の学習者と協力しながら主体的に取り組む態度を育てる授業づくりに適した学習材であると言える。さらに、運動そのものの学習だけでなく、運動と身体の関係についての理解を深める学習活動を取り入れることによって、学習者の興味関心を高め思考・判断を促すことも可能となる。
　また、学習者の運動能力は、生得的な要素や幼少年期の運動経験、日常のトレーニング状況（部活動への参加など）に大きく左右され、多くのスポーツ運動で重要とされる俊敏な身のこなしや、ボール・相手への対応の巧みさなどの運動能力は、中学入学以前にできあがっていることが多い。それゆえ、小学校期（あるいはそれ以前）に「運動が苦手」「体育が嫌い」という苦手意識を持ってしまった学習者は、それをそのまま中学・高校に、さらにそれ以後も引きずることになってしまう。しかしながら、長距離走の能力は、幼少年期の運動経験にあまり左右されず、むしろ、運動していない学習者ほど伸びる余地が大きいため、運動の苦手な学習者も十分に活躍することが可能である。そのような学習者にこそ、走ることの楽しさや喜びを感じさせることができる授業が行われることを期待したい。

2　学習の目的と具体的な技能目標

学校体育における長距離走の学習の目的は、次のように設定できる。

① 技能と体力を改善し、走能力を向上させ競走を楽しむ。
② 走運動を通して運動と身体への理解を深め、練習や競走を考えて実践し評価する力を養う。
③ 走ることを楽しむ態度を育み、生涯スポーツに発展させる。

これらを達成するため、単元においては次のような目標を設定すると良いだろう。

① 合理的なランニングフォームを理解し身につける。
② 有酸素的持久性を中心とした体力を向上させる。
③ 適切なペース配分を設定し、さらにペース変化に対応して走る力を身につける。
④ 個人やチームでの競走において作戦を立て実行できる。
⑤ 長距離走の特性を学び、各種指標を測定・評価して練習に活用できる。

［課題と対策］
　体育の授業において、運動技能の改善を試みることは、どの種目においても中心となる内容であり、長距離走においても例外ではない。しかしながら、走運動は発育に伴い自然に獲得した運動なだけに、どのように身体を動かしているのか、自分でも意識できていない場合がほとんどであり、それだけに意識して動きを変化させることが難しい。走動作について理解を深め、意識的に動作を改善できるようにしなければならない。
　また、体力の向上も体育の重要な目的であるが、10時間程度の単元におい

て目に見える効果を生むことは難しい。ペース配分や作戦を考え実行する中でタイムの短縮を目指すようにしたい。

　長距離走は、長時間黙々と走り続ける単調な種目である。全力走を繰り返すだけの授業では、きつさばかりが強調され、長距離走嫌いにつながってしまう。速い遅いもはっきりしているため、走る前から結果も見えている場合が多く、やる気さえ失いかねない。学習者が意欲的に取り組み、生涯スポーツへ発展できるような、長距離走の魅力を感じさせる学習活動の工夫が必要である。

3　「わかって・できる」指導の工夫

　以上のような目的と目標を踏まえて、長距離走の学習においては、設定したペースを守って、またペースの変化に対応して走る練習を中心に、タイムを短縮したり競走を楽しんだりすることになる。長距離走の単元計画は、走能力を測定・評価するためのタイムトライアルを前後に（場合によっては途中にも）行い、設定したペースで一定の距離を走る練習であるペース走を中心に構成することが基本となろう。

　さらに、記録の向上を目指すためには、より高い強度での練習が必要になるが、相応のきつさを伴う運動になる。グループ学習やチームでの競争を取り入れ、お互い協力し励まし合いながら、楽しんで活動を進めるように留意したい。

　タイムトライアルや高い強度の練習は、走能力の向上に有効ではあるが、きつさや苦しさが強調される練習でもあり、長距離嫌いにつながる可能性もある。一方で、ATを下回る比較的ゆっくりしたペース設定であれば、走能力の高低にかかわらず、比較的長い時間を爽快に走ることが可能である。したがって、走ることの楽しさや爽快感を味わわせるためには、このようなゆっくりしたペースでのランニングを授業に取り入れることも必要であろう。

（1）ペース走——一定のペースを設定して走る

　一般にペース走は、一定の距離（1,000～5,000m 程度）を設定したペースでリズムよく走る練習である。インターバル形式で、休息をはさんで短い距離を繰り返してもよい。ペース走は、距離とペースの組み合わせにより、次のような実施法があげられる。

① 目標ペースより遅いペースで長い距離を走る。ATレベルの速度であれば、比較的に爽快に走ることができ、一定のペースで走るリズム感を養成し有酸素的持久性を高める。
② 目標ペースで走り、授業が進むにつれて走る距離を長くする。目標とするペースの感覚を養い、有酸素・無酸素的持久性を高める。
③ 目標ペースよりも速いペースを設定し、インターバル走的に、短い距離を休息をはさみ繰り返して走る。無酸素・有酸素的持久性を高め、繰り返し行うことで、途中でのペースの修正を行うことができる。

　ペース走を実施するためには、まずペースの設定が必要になる。
　ペース設定の方法として、①単元はじめのタイムトライアル（全力走）の記録（走速度）を基準にする、②心拍数やRPEなどの生理学的指標を基準にする、といった方法があげられる。
　長距離走では、一定のペースでリズムよく走り、最後にはラストスパートができるようなペース配分が、好記録に結びつきやすい。力んでがむしゃらに走っては、ペース感覚を養うことにつながらないので、一定のペースでリラックスしてリズムよく走ることが重要である。ラップタイムを記録し、どのようなペース配分であれば好記録に結びつくのか学習者みずからに考えさせると良い。また、心拍数やRPEなどの生理的指標、ピッチやストライドなどのバイオメカニクス指標の測定などを取り入れ、運動のしくみの理解が進むような取

り組みが望まれる。このような内容をグループで学習させることは、意欲や主体性の向上にも結びつく。ペース設定も、一度設定すればそのままではなく、①授業の進行に合わせて、学習者の実態を確かめながら設定を変更する（走能力の向上に併せて設定を速めていく）、②意識的に速めや遅めの設定を試してみるなど、設定タイムを見直しながら授業を進めることが望ましい。

実践3——心拍数・RPEを測定する

　心拍数は、手軽に測定でき酸素摂取量との相関も高く、授業でも使いやすい指標である。腕時計式の心拍計があれば運動中の心拍数を測定することができ便利であるが、ない場合は触診により測定する。橈骨動脈に人差指、中指、薬指の3本をあてて脈拍を読み取る方法が一般的であるが、読み取りにくい場合には頸動脈や心臓に指や手を当てる方法を用いる。運動中に触診することは難しいため、立ち止まって計測すると良いが、計測中に脈拍が低下してしまうため、15秒間計測した値を4倍して10拍を加えると、運動中の心拍数を推定できる（田中、1999）。

　心拍数は、運動開始後に緩やかに上昇して3～4分後に定常状態に達するため、少なくとも3～4分間の一定ペースでの疾走後に測定することが望ましい。心拍数をペース設定に利用する場合は、3段階の速度（低速・中速・高速）の4分間走（計12分）を行い、それぞれの4分間走終了後の心拍数を計測する。走速度－心拍数関係をグラフに表し、最高心拍数（「220-年齢」から推定）に対応する速度を100％運動強度の走速度とする（図9）。

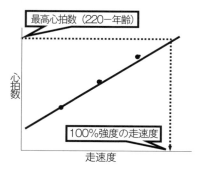

図9　3段階の4分間から100％運動強度の走速度を求める方法

心拍数測定時には、RPE も同時に記録することが望ましい（117 頁の表 1 を参照）。RPE は主観的な指標であり、表を見せて数字を答えさせるだけでよいので、導入しやすい。自分の主観的な感覚（きつさの程度）と生理的指標である心拍数や運動強度（走速度）との関係を学ばせることにより、運動や身体の理解につなげることができ、保健分野と関連をもたせることも可能である。

> **実践 4 ── ラップ − スプリットタイム表を作成する**

あらかじめ授業で用いるトラックの距離に応じたラップ − スプリットタイム表を作成させる（200m トラックであれば、200m のラップと各周回のスプリットを一覧にする；表 2、田口 2010）。設定したペースと、実際に疾走中のペースを容易に比較でき、ゴールタイムも予測しやすい。グループ学習に用いれば、「設定より○○秒速い（遅い）」、「このペースなら、○○秒でゴールできる」といった具体的なアドバイスや、応援・声かけが可能になる。

表 2　ラップ－スプリットタイム表（一例）

周回・距離	1	2	3	4	5	6	……
ラップ	200m	400m	600m	800m	1000m	1200m	……
40 秒	40"	1'20"	2'00"	2'40"	3'20"	4'00"	
41 秒	41"	1'22"	2'03"	2'44"	3'25"	4'06"	
42 秒	42"	1'24"	2'06"	2'48"	3'30"	4'12"	
⋮							

実践5──走速度、ピッチ、ストライドを測定する

　走速度とは「ピッチ×ストライド」であるから、2項目を測定すれば、残りの1項は計算できる。トラックの一部に20〜50m程度の測定区間を設け、歩数を目測で数えて、ストライドを算出する。

　　　　ストライド（m／歩）＝距離（m）÷歩数（歩）……a

また、測定区間に要した時間を測定し、ピッチを算出する。

　　　　ピッチ（歩／秒）＝歩数（歩）÷時間（秒）……b

両者を掛け合わせれば、測定区間の走速度が算出できる。

　　　　走速度（m／秒）＝ピッチ（歩／秒）×ストライド（m／歩）……c

この場合の速度の単位はm／秒になるので、逆数をとればペース（1mあたりの時間）になる。

　　　　ペース（秒／m）＝1÷走速度（m／秒）……d

　この「ペース」に測定区間の距離をかければ「区間ラップタイム」に、トラックの距離をかければ「1周のラップタイム」になる。実際にストップウォッチで測定したタイムと比較すると、測定の精度を評価できる。この方法には、1周ごとのラップタイム、測定区間のタイム、測定区間の歩数、の3項目の測定が必要である。状況に応じて、1人の学習者が複数の項目を測定してもかまわない。測定項目を少なくするには、1周のあいだを平均的なペースや動きで走っていると仮定し、1周のラップタイムから速度を求めても良い。

　　　　走速度（m／秒）＝トラックの距離（m）÷ラップタイム（秒）……e

　a式からストライドを求め、aとeから求めた走速度をc式に代入すればピッチが算出でき、測定区間の時間測定が不要になる。

ペアやトリオでグループ学習を行う

　以上のような項目を計測することは、ペース設定などの練習や練習効果の評価に利用することができる。そのためには、ペアやトリオなどのグループでの学習が望ましい。グループ学習では、お互いに声をかけ励まし合いながら競走したり、目標の達成を目指したりするため、意欲的な取り組みにつながる。また、測定を通して生理・バイオメカニクス指標から走運動を理解したり、走る動きを考えることは、走能力の高低にはあまり関連しないため、走能力の低い学習者が高い学習者にアドバイスすることもでき、学習者の主体的な学習を促すことにもつながる。

（２）高強度ランニング──速く走る、競走する

　タイムを短縮するためにより有効な方法は、ATを超えるペース、つまり学習者がかなりきついと感じる運動強度の練習を採用することである。陸上競技のトレーニングでは、前述のタイムトライアル（全力走）、レペティッション（完全休息をはさんだ疾走を数回繰り返す）やインターバル（不完全休息をはさんだ疾走を5〜20回繰り返す）などが行われており、いずれも疲労困憊に至るまで追い込むものである。有酸素・無酸素的持久性の向上やタイムの短縮には有効であるが、授業で行うには苦しさが強調されすぎて適切ではないだろう。これらのトレーニングの要素を取り入れるならば、記録が向上したり、競争の楽しさや喜びを味わうことにつながるような場づくりが望まれる。学習者が主体的に工夫しお互いに協力したり励まし合ったりすることができるような方法として、例えば、次のような学習材をあげることができる。

実践6──タイムトライアル

　1〜5km程度の距離を、全力で走りきる。新体力テストにおいては、全身持久力のテストとして男子は1,500m、女子は1,000mが行われている。走

能力の評価やペース走の基準作りのためには最適である。一方で、単純に1人で一定距離を全力で行う方式のため、面白みがなくきつさが強調されやすい。走能力の高い順にゴールすることになるので、能力の低い学習者には、劣等感につながりやすいものでもある。こうしたマイナス点を補うものとして、走能力に応じて距離とスタート位置を変える（能力の低い学習者ほど距離を短くして、スタート位置を前にずらす）方法や、全身持久力のテストとして広く用いられている12分間走のように、ゴールを距離ではなく時間で区切る方法が考えられる。これらの方法は、ほぼ同じ時間にゴールすることになるため、能力の低い学習者が最後に1人で走るといった状況を生みにくい。

実践7──ミニ駅伝

1区間1〜2kmの4〜5区間、計5〜6kmの駅伝であれば、授業時間内に実施することができる。すべての区間を同じ距離にしても良いし、異なる距離を設定することもできる。陸上のトラックだけでなく、グラウンド全体や校内を使って駅伝コースを設営しても良い。なるべく中継地点を少ない箇所にまとめ、競走の様子が見渡せてお互いに応援できるようなコース設営が望まれる。チーム対抗にすることにより、作戦を考えるなどの協力も生まれ、1人で走るよりも競走を楽しむことができよう。

実践8──リレーマラソン

駅伝は、区間と距離が最初から決められており、出走回数は基本的に1回である。授業で行うと、1回走れば終わりということになってしまう。リレーマラソンは、ある周回コースを何周するか（総距離）だけを決め、誰が何回どれだけの距離を走るかは、チーム内で自由に決めるようにする。1周ごとに交代しても良いし、1人が続けて何周か走っても良い。メンバーの走力に応じて周回数や交代のタイミングなどの作戦を考えさせ、チーム内の協力を生むように

進める。

　また、リレーマラソンは、授業時間の枠を外して考えると、例えばマラソン（42.195km）のような長い距離をチームでリレーして完走するというふうに、クラスやグループが協力して目標達成を目指すような学習材として用いることもできる。1チームの人数にもよるが、マラソンの距離であっても3〜4時間で完走が可能である。

実践9──チームパシュート

　スピードスケートや自転車で行われる、団体追い抜きとも呼ばれる競技で、1チーム3〜4人の2チームが対抗形式で競うものである。2チームがトラックの反対側からスタートし、規定の距離（2〜4km程度）を先にゴールするか相手を追い抜くかした側が勝ちとなる。駅伝やリレーマラソンでは、1チーム数名の中の1名が走者となるため、どうしても、走らない時間のほうが長くなってしまう。チームパシュートでは、チームの全員が一緒に走るため、限られた時間内での活動量（走る時間や距離）の確保に有効であろう。チーム内の複数人が一緒に走るという、陸上競技の種目にはないルールであるが、アレンジすれば、例えば下記のようにさまざまな活用ができる。

① タイムトライアルをパシュート式で行う。
　　例：5,000m競走を6人チームの対抗戦にする。3人が同時に走り、いつでも交代できる。
② 駅伝やリレーマラソンをパシュート式で行う。
　　例：チーム内の2人が一緒に走る

　また、ゴールタイムの競走でなく、設定したペースを複数が協力しながら走るといった、129頁で説明したペース走のアレンジとして実施することもできる（吉野、2010）。チーム内でメンバーの走力に合わせて走る距離や回数を

考えるなど、チーム学習には有効な学習材となりうるであろう。

（3）低強度ランニング——ゆっくり長く走る

上記のタイムトライアルやペース走は、おおよそ AT 程度かそれ以上の速度で行われ、相応のきつさを伴う運動である。一方、AT 以下の速度のランニングは、それほどのきつさを感じることもなく、むしろ爽快に走ることができる。多くの一般市民ランナーがランニングを楽しんでいる速度も、AT 以下である。

実践10——LSD（Long Slow Distance）

授業においても、ペース走を 50％以下の低い強度（RPE 13 以下程度）で行ったり、学習者自身が快適と感じる自由なペースで長い時間走る低強度ランニングを取り入れることによって、走ることの楽しさや爽快感を感じさせることができるだろう。走能力の高い・低いにかかわらず、一定の時間や距離（授業であれば、40 分以内、もしくは 5 km 程度まで）を走ることは可能である。ゆっくりしたペースであっても相応の時間や距離を走り通すことにより、達成感を感じることもできる。このような 50％程度の低い強度のランニングは、一般成人の健康づくり運動として勧められているものであり、有酸素的持久性を改善する。また、Long Slow Distance（LSD）と呼ばれ、競技者のトレーニングに取り入れられているものでもある。授業においても、30〜40 分を会話のできるようなペースで（ペース設定なしに）ゆっくり走るといった導入ができよう。

先にも説明したように、筋線維組成は遺伝的に決まっているため、遅筋線維の割合が高い学習者は長距離走が得意な場合が多い。逆に言えば、速筋線維の割合が低いので、ほとんどのスポーツで重要な、素早い動きは不得手というこ

とにもつながる。したがって遅筋線維の多い学習者は、幼少年期から運動に対する苦手意識が積み重なって、運動嫌いに陥っている可能性も指摘できる。そのような学習者にとって、長距離走、特にゆっくり長く走ることは、運動の楽しさを発見し、爽快感を感じることにもつながる可能性をもつものと言えよう。

　学校体育においては、記録を短縮することに重点が置かれ、速く走るためのペース設定が重視されがちかもしれない。しかし、ペース設定にこだわらずゆっくり長く走り、運動の楽しさや爽快感を味わわせることは、学校体育の重要な使命であり、成人以降の生涯スポーツの実践への発展が期待できるものである。

（4）学習の留意点

① 健康状態に対する配慮
　長距離走は、高い水準の心肺機能の発揮が求められる種目であり、健康状態に対する十分な配慮が必要である。体のだるさや、発熱などに注意しなければならない。特に、風邪は呼吸器の疾病であるため軽く考えないほうがよい。また、体温の上昇を伴う長時間運動であるため、夏季に行う場合は熱中症に対する注意を怠らないようにしたい。

② 準備運動
　長距離走は、下肢の筋力発揮を長時間にわたって続ける運動であるため、下肢の関節・筋に対して適切なウォーミングアップを行うことが必要である。広く行われている膝の屈伸、伸脚、アキレス腱伸ばしなどにより、下肢の筋群をしっかりとストレッチすることに加え、前後開脚、股関節の回旋、脚の前後振り・左右振りなどの股関節周辺を大きく動かすような運動を行うことが望ましい。

③ 運動観察

運動観察は、運動技能を分析し改善するために重要であり、授業においては、運動を理解する（わかる）ことにつながるものである。観察には、他者の運動を観察する「他者観察」と自分自身の運動を観察する「自己観察」がある。長距離走は、一連の動作が繰り返され、運動の速度もそれほど速くはないため、運動を観察する力を養うことに適した学習材である。

とはいえ、運動経験・指導経験の乏しい学習者に、運動観察能力を身につけさせることは容易ではない。まずは、効率のよい走運動とは何か、その特徴を理解し、一流選手の動きの特徴をビデオ教材などで繰り返し観察することが必要である。

実際の運動場面の観察においてはICT（Information and Communication Technology）の活用が有効であり、余裕があれば、タブレットPCを活用して撮影した画像をその場で見ることも有効である。見本となるフォームと、自分や友人の動きとを比較する、あるいは、自己観察（自分のイメージ）と実際に撮影された自分の動きを比較するなどで、運動観察能力を向上させることができるだろう。

4　評価

授業の成績は、運動技能の評価と、学習に関わる評価、の両面から行われる。

まず、運動技能である走運動自体の評価の方法としては、以下のものが考えられる。

① タイムトライアルの記録を用いる。記録が良いことが高評価となる。客観的であり、運動技能を正確に反映できるが、授業の前に成績が決まってしまっていることになりかねない。

② 単元前後のタイムトライアルの記録の変化を用いる。努力や取り組みの程度を評価に反映させられるとも言えるが、能力の高い学習者ほど、単元のあいだに記録を向上させることは難しく、速い学習者のほうが評価が低いということも起こりうる。
③ グループ対抗を行った場合はその成績を用いる。協力する態度や意欲を反映することができるかもしれないが、成績が他者の運動技能に左右される。

いずれの方法にも一長一短があり、これらのバランスが重要だろう。

もう1つの、学習に関わる評価の方法としては、態度や知識、思考・判断について、学習ノートに記録させた実施内容等を評価する。長距離走の授業では、ペースの設定や、生理・バイオメカニクス指標の測定、チームで競走する場合の作戦など、測定したり、記録したり、考えたりする場面が多く、授業の取り組みや、運動への理解の程度を評価できる。これらをバランスよく適切に評価し、学習者が意欲的・主体的に考えて運動できる態度や習慣につなげたい。

跳 躍

1　基礎知識

（1）学校教育における跳躍運動

　陸上競技の跳躍種目には、水平方向にどこまで遠くへ跳ぶことができるかを競う走幅跳と三段跳、鉛直方向にどこまで高く跳ぶことができるかを競う走高跳と棒高跳の4種目がある。

　このうち、体育授業で取り上げられる跳躍種目は走幅跳と走高跳であり、高校からは三段跳も加わる。跳躍種目の学習では、遠くあるいは高く跳躍するため、助走で得られた水平方向のスピードを、踏み切りによって鉛直方向のスピードへと一部変換させる身体の使い方を学ぶことになる。その過程では、心地よいリズム感や躍動感・浮遊感など、跳躍運動が持つ「運動の魅力」に触れるとともに、自己の記録に挑戦していく中で、充実感や達成感を味わうことが求められる。また、身体の使い方が結果を大きく左右することを、「跳躍距離」という目に見える形で示してくれるため、学習者に身体の使い方の重要性を理解させるうえでも効果的である。

　ただし、「走る」、「跳ぶ」の組み合わせである跳躍運動は、技能の習得が難しい種目でもある。大きなスピードの中で運動方向を変えなければならないからである。そのため、運動が苦手な学習者は「跳ぶ」楽しさが実感できなくなってしまうことも多い。また、跳躍の結果が「距離」や「高さ」の記録とし

て客観的に示されることから、記録の向上が達成感として動機づけにつながる一方で、記録が低い学習者にとっては能力の序列を示すだけの数値として、意欲低下の要因ともなってしまう。

　したがって学校教育では、小学校から積み重ねてきた跳躍動作を、系統性や難易度を踏まえながら中学・高校へとつなげていくだけではなく、幼少期には走ったり跳んだりすることが大好きだった子どもたちに苦手意識をもたせないよう、それぞれの能力の中で技能の向上ができ、運動の楽しさを実感できるような場の工夫をすることが非常に重要である。

（2）跳躍運動の特性

1）5つの運動局面

　走幅跳、走高跳、三段跳などの跳躍運動には、助走、踏み切り準備、踏み切り、空中、着地の5局面が共通して見られる（図1）。

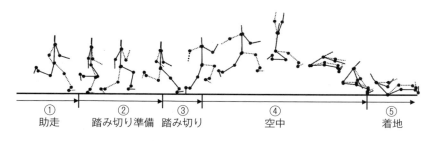

図1　走幅跳の5つの運動局面

①助走
　静止した姿勢からあるいは数歩歩いた後、リズムよく、できるだけ大きな助走スピードを得られるよう踏み切りに向けて走っていく局面。

②踏み切り準備
　助走で得た大きな水平方向のスピードを、踏み切り時に効率よく鉛直方向へと変換する準備として、身体の沈み込み動作を行う局面。

③踏み切り

踏み切り足が地面に接してから離れるまでの助走スピードを生かしながら、適切な角度をつけて跳躍したい方向に身体を跳び出させる局面。

④空中

踏み切りによって身体が空中へと投射された局面。

⑤着地

踏み切りによって投射された身体が再び地面へと落下し、接地する局面。

2）生理学的・力学的な特性

跳躍運動では、空気抵抗がないと仮定すると、踏み切りによって空中に投げ出された身体の重心は、水平方向には等速運動を、鉛直方向には等加速度運動を行う。そのため、跳躍距離を決めるのは、踏み切り離地時における身体重心の高さと、速度の大きさ、およびその向きとなる。したがって、いかに「高い位置」から、「大きなスピード」で、「適切な方向」に跳び出すかが跳躍距離を決定することになる。

ただし、踏み切り離地時における身体重心の高さは、身長や下肢長に大きく影響されてしまう。そのため、走幅跳や三段跳といった水平方向への跳躍も、走高跳のような鉛直方向への跳躍も、身長が高い、あるいは下肢が長いほうが基本的には有利になる。残念ながら、身長や下肢長は変えることができない。そのため学習では、跳躍距離の評価を身長比にするなど、身長による影響を小さくすることが重要である。

① 助走局面

踏み切り離地時に「大きなスピード」を得るためには、踏み切りに至るまでの助走で、できるだけ大きなスピードを獲得する必要がある。実際、助走のスピードが大きければ大きいほど、跳躍距離は基本的に大きくなる。これはジャンプを含むフィギュアスケートなどでも同様で、トップスケーターの最大の特徴がその滑走スピードの大きさにあることは一目瞭然である。ただし、100

m走とは異なり、助走のスピードは「そのスピードで適切に踏み切れるかどうか」に左右されるため、例えば走幅跳を専門とする競技者でも、その大きさは全力疾走時の95％程度にとどまる。

　この理由を、板の上でボールを転がし、ある地点でその下から力を加え、ボールを上方向に跳び上がらせることから考えてみる（図2）。

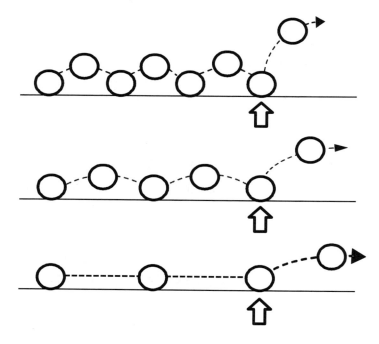

図2　ボールの転がり方と跳ね上がり

　タイミングよく力を加えることができれば、弾まずに転がってくるボールよりも、軽く弾んで転がってくるボールのほうが、効率よく上へと跳び上がらせることができる。すなわち、踏み切りで上方向へと効率よく移動方向を変化させるには、身体重心をできるだけ上下動させない100m走とは違い、助走で身体重心を必要に応じて上下動させながら（弾みながら）走ることが必要になる。この上下動の大きさは、踏み切りでどの程度の方向変換が必要になるかで

異なり、より水平方向へと跳躍したい三段跳で最も小さく、次いで走幅跳、そして最も鉛直方向へと高く跳びたい走高跳で最も大きくなる。

助走では、この適切な身体重心の上下動を導くために、単にスピードを大きくするだけでなく、リラックスしたリズムのよい疾走が求められる。力んだリズムのない助走は、踏み切り時にその運動方向の転換を難しくさせ、学習者の持つ「ばね」を生かすのを難しくしてしまう。

助走は、「静止した姿勢」から開始するタイプと、「数歩あるく」、もしくは「少し弾んで」から助走を開始するタイプとに大きく分けられる。静止した姿勢からの助走は、スタート位置を安定させ、踏み切り位置を安定させる効果をもつ。しかし、数歩あるく、もしくは少し弾んでからの助走に比べて、リズムを作り、反動を利用してスタートすることが難しく、獲得できる助走スピードが小さくなる傾向にある。

踏み切り位置を視覚的に最終調節するのは、踏み切り約6歩前である。そのため、踏み切り位置を安定させるには、踏み切り6歩前に「目印」を置くとよい。加えて、加速中に身体の移動方向を変換することは難しいので、残りの6歩では加速したりせず、等速で移動することが安定した跳躍につながる。それでもなお、助走の誤差が大きい場合、走高跳ではスタート3歩目、走幅跳や三段跳ではスタート6歩目あたりに目印を置き、そこを踏むように走るとより助走が安定する。ただし、この目印の設置は、助走のストライドやリズムの調節を伴うため、そのスピードは必然的に低下してしまう。

② 踏み切り準備局面

踏み切り接地時に、身体重心が水平面に対し上方向から落ちてくる角度、すなわち「踏込角」（図3）が大きいと、脚はその衝撃を支えねばならず、膝や腰関節が大きく屈曲する「つぶれた」接地になってしまう。それでは、せっかく助走で獲得した勢いを吸収してしまい、大きな跳躍は得られない。そのため、踏込角を小さくしながら踏み切りに入り、踏み切り離地時に適切な水平面と身体重心の跳躍方向の作る角度すなわち「跳躍角」を得ることが重要となる。

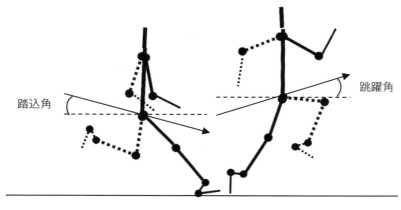

図3　踏み切りにおける踏込角と跳躍角

　踏込角を小さくするには、踏み切り2歩前から、水平方向のスピードをできるだけ落とさず、助走中に上下動してきた身体重心の最下点あたりまで重心を低くしながら（沈み込みながら）踏み切りに入ることが必要となる。そのため、踏み切り1歩前の支持脚の大腿を後方に大きく動かさず、膝を折るような感じで低い位置から踏み切りに入っていく。

　しかし、この技術は非常に難しく、逆に、最も重要な踏み切り時のスピードを低下させてしまう可能性が高い。大きな助走スピードを得られない学習者ではなおさらである。したがって、踏み切り準備動作は、踏み切り時に「上から乗り込む」ような足の接地ではなく、「少し低い位置から踏み切りに入る」感じを持たせるだけのほうが結果が良くなることが多い。

③ 踏み切り局面

　助走で得た水平方向のスピードを効率よく上方向へと変換させて踏み切るには、その接地時に生じる「起こし回転」を利用する。起こし回転とは、接地時に足に作用する斜め後方への力、すなわちブレーキ力により、足部を支点としてその上部が前回りに回転することを言う（図4）。

　棒を地面に向けて適切な角度で投げると、その接地した地点を中心に棒が前

回りに回転しながら跳んでいく現象が見られるが、それはこの起こし回転によるものである。ただし、接地時に、膝や腰関節が大きく屈曲してしまうと、そこで回転が吸収され、起こし回転による恩恵は受けられない。したがって、身体を軽く後傾させ、「脚全体を突っ張るように踏み切る」しっかりとした接地が必要不可欠となる。

　ただし、この動作を、踏み切り1歩前の沈み込み動作とともに無理に行うと、跳躍距離の獲得に最も重要な踏み切り時のスピードが低下してしまう。したがって、踏み切り準備局面から踏み切り局面におけるこれらの技術は、技能水準の発達に応じて取り入れていくことが望ましい。

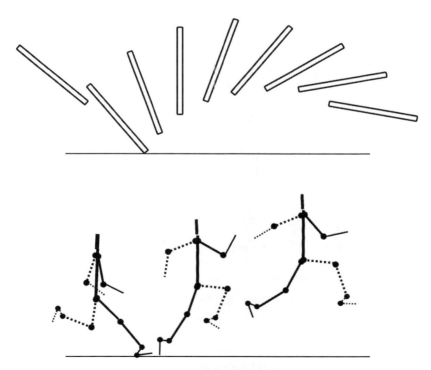

図4　起こし回転と踏み切り動作

起こし回転と同様に、接地によるブレーキを効果的に利用するのが「伸張－短縮サイクル運動（SSC運動）」である（図5）。跳躍に関わる筋と腱組織（合わせて筋腱複合体という）は、ブレーキ局面である接地時に伸張され、続く身体の推進局面で短縮する。短縮局面では、伸張局面で主に腱組織に蓄えられた弾性エネルギーが放出され、より大きな力が発揮される。この時、前もって「踏み切り」を意識すると、跳躍に関わる筋群が、①接地0.15秒ほど前から準備のための活動をはじめ、②より大きな伸張反射をより速く導くことで筋硬度が高められ、筋にはより大きな力を発揮できる等尺性状態を、腱組織にはより大きな伸張と短縮を導く状態を作り出すことができる。

　また、この時、振り上げ脚および腕を上方向にタイミングよく引き上げることで、体重が軽くなり（抜重が生じ）、より大きな跳躍を生み出すことができる。腕の使い方には、両腕を同時に同方向へと振り込む「ダブルアーム」タイプと走運動のように動かす「シングルアーム」タイプがあり、それぞれ一長一短がある。

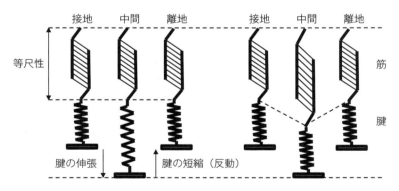

図5　踏み切り時における筋腱複合体の伸張－短縮サイクル
筋硬度が高められ、筋が等尺性収縮に近い状態では、筋出力が大きくなるとともに腱組織の弾性がより引き出される状態となる（左）。接地の衝撃に耐えられず、筋が引き伸ばされてしまった場合、腱組織の弾性はうまく引き出せず、筋が一生懸命短縮しなくてはならない非効率的な状態になる（右）。なお、筋が活動状態にある場合、わずかな伸張でも伸張反射は誘発され、筋硬度の向上に貢献する。

ダブルアームタイプはより大きな加重と抜重を生み出し、地面反力を効果的に利用することができるが、そのためのタイミングをとることが難しい。一方、シングルアームは、タイミングは取りやすいものの、ダブルアームのような大きな加重と抜重を生み出すことはできない。どちらを採用するかは行いやすい方でということになるが、技能が低い段階では、動作のタイミングがとりやすいシングルアームを取り入れるほうが一般的である。

地面から斜め上方に投げ出された物体が最も遠くに飛ぶ角度は45度である。しかし、走幅跳や三段跳では、ある高さから身体重心が空中へと跳び出し、その高さ分、低い地面へと着地するため、その角度（跳躍角）は45度より大幅に低くなる（図6）。

例えば、走幅跳の最適な跳躍角は、助走スピードや運動方向を変える技術やパワーによって違いが生じるものの、約20度とされている（8mを超えるジャンプでは19〜22度、7m台では16〜21度ほどとされる）。したがって、走幅跳や三段跳では、SSC運動を伴った起こし回転を使いながら、「上へ跳ぶ」というよりも、やや斜め上方向へ走り抜けていく意識を持つことが重要となる。

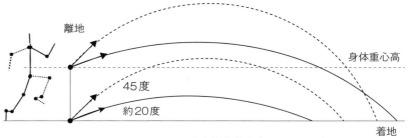

図6　身体重心高と跳躍角が跳躍距離に及ぼす影響

④ 空中局面

走幅跳や三段跳の跳躍距離は、

- 踏み切り距離（踏み切り離地時における踏み切り位置と身体重心の距離）
- 着地距離（着地位置と身体重心の距離）
- 空中距離（空中局面で身体重心が移動した距離）

が合計されたものである（図7）。このうち、踏み切り距離と着地距離は、身長あるいは下肢長と姿勢によって決まり、跳躍距離にはあまり影響しない。跳躍距離に最も大きく影響するのは空中距離であり、跳躍距離の約90％を占める。

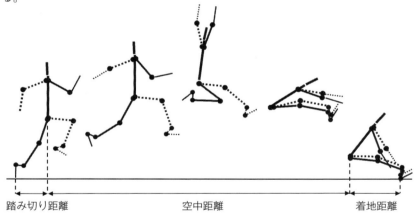

図7　踏み切り距離、空中距離、着地距離

　この空中距離は、踏み切り離地時における身体重心の「高さ」「スピード」「方向（跳躍角）」によって決定され、空気抵抗がないと仮定すれば、空中でどうあがこうとも変化することはない。しかし、実際には、空中で身体を動かしながら跳躍は行われる。その最も大きな理由は、起こし回転により踏み切りで生じた身体の前回りの回転を着地に向けて抑えなければならないためである。

　1970年代の一時期には、空中で身体を1回転させながら跳ぶ方法（回転

跳）が走幅跳で取り入れられ、世界では 7 m93、日本では 7 m11 という記録が残っている。この跳躍方法はこの前回り回転を積極的に利用する技術であり、跳躍距離を稼ぐうえで非常に魅力的なものである。しかし、現在ではその危険性から回転跳は禁止されており、逆に、この回転を抑える空中動作が必要となるという皮肉な結果となっている。事実、走幅跳の「反り跳び」（153 頁の図 9 参照）は、前回りの回転を打ち消すよう身体を後ろに反らす技術であり、「はさみ跳び」は腕と脚を前回りに回転させることで、大きな質量をもつ体幹に働く前回りの回転を減少させる技術である。

⑤ **着地局面**

　走幅跳や三段跳では、両腕を上から大きく振り下ろしながら、両足を前方に投げ出すような姿勢でまず足を着地させ、その上に腰（身体重心）を滑り込ませていくようなイメージで着地すると着地距離を稼ぐことができる。ただし、この技術は、踏み切り時に股関節が屈曲してしまったり、空中で身体が前回りに回転してしまったりして、身体重心がしっかりと骨盤の上に乗っていないと適切に行うことができない。したがって、着地動作はどのような踏み切りが行われたかに依存するため、ロイター板などを用いた空中局面から着地局面までの練習ばかりをしていても意味がない。必ず、踏み切りからの連続した流れの中で学習することが必要となる。

3）各種目の特徴

① **走幅跳**

　走幅跳は、助走後、砂場に向かって踏み切り板から跳躍し、その踏み切り板から着地した位置までの水平距離が記録となる（図 8）。

　正式競技では、踏み切り時に、幅 20cm の「踏み切り板」の端にある踏み切り線より砂場側へと足が越えて踏み切るとファールになる。したがって、踏み切り位置に合わせて跳ぶことも重要な技術となる。しかし、位置合わせばかりを意識していると、跳躍距離に必要な助走スピードが落ちてしまうばかり

か、本来、跳躍運動で感じる心地よいリズム感や躍動感・浮遊感なども失われてしまう。そのため、助走による踏み切り位置は、特に技能水準の低い段階では、より広い踏み切り幅（板）を設定し、技能の向上に伴い、正式競技のルールに近づけていくことが望ましい。

　空中では、図9の左から2番目の図のように、振り上げ脚を前方へと大きく振り出す動作（ランスルー動作）が見られる。ランスルー動作後の空中での脚と腕の動作によって、走幅跳の跳び方は「かがみ跳び」、「反り跳び」、「はさみ跳び」に分類されるが（図9）、それらはすべて踏み切り時に生じた前回りの回転を打ち消し、姿勢を安定させるための動作である。技術的には、はさみ跳びが最も難しく、かがみ跳びが最も簡単なものになる。

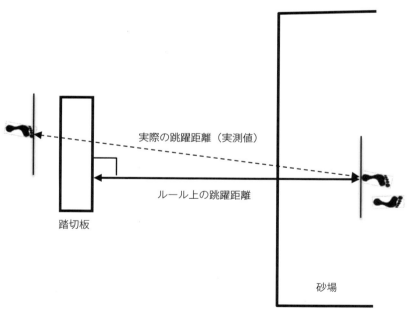

図8　走り幅跳びの跳躍距離
実際の跳躍距離とルール上の踏切板からの踏切距離

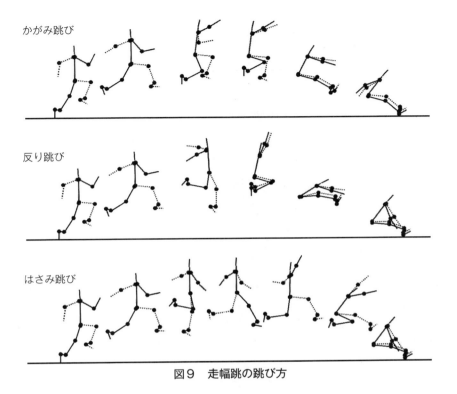

図9 走幅跳の跳び方

② 三段跳

　三段跳は、ホップ、ステップ、ジャンプの連続した3つの跳躍で距離を競う種目である。この3つのジャンプでは、できるだけ大きな水平スピードを維持しながら、ジャンプを連続しなければならないため、走幅跳とは異なる技術が必要となる（図10）。

　助走は走幅跳と同様ではあるが、連続した3つのジャンプ中に生じる接地の衝撃が受け止められない場合、それらに耐えられるまでスピードを抑えることが必要となる。踏み切り準備からホップへの踏込角も浅くなる。

　ホップとステップは同じ足で跳躍するため、ホップの足を踏み切り後に再び大きく振り上げておくと力強くスピードのあるステップに入ることができる。

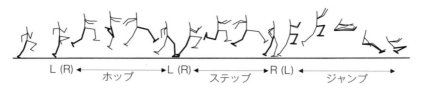

　　　　図10　三段跳びの技術局面（Lは左脚、Rは右脚）

　ステップでは大きな接地の衝撃と前回りの回転が生じるため、後方に残した反対側の脚や腕を振り込みながら積極的に脚全体を地面に向けて振り戻し、接地する。踏み切る脚が代わるジャンプでの踏み切りもステップと同様である。しかし、踏み切り脚を高く維持することや踏み切り中の反対側の脚や腕を振り込むことは、バランスを維持するうえでかなり難しい。

③ 走高跳

　走高跳は、ある高さにかけたバーを徐々に高くしていき、どれくらいの高さまで跳び越すことができたかを競う競技である（図11）。

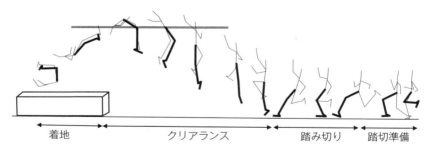

　　　　　　　図11　走り高跳びの技術局面

　走高跳では、走幅跳や三段跳とは異なり、助走で得たスピードの大部分を鉛直方向に変換し跳躍する。そのため、助走スピードは全力疾走時の70〜80％まで低下する。助走スピードが速すぎると脚力がスピードに耐えられず、身体が上昇できないまま、バーのほうに水平に流れてしまう。

走高跳には、走幅跳や三段跳のような踏み切り板が存在せず、踏み切り位置を合わせて跳ぶ必要はない。代わりに、ある高さのバーをクリアするため、跳躍時の最高点をそのバーの上に合わせなければならない。それには、安定したスタートとリズム、そして適度なスピードで踏み切りに入る助走が求められる。

走高跳の跳躍方法はその空中姿勢によって、大きく「はさみ跳び」、「ベリーロール」、「背面跳び」に分けられる（図12）。

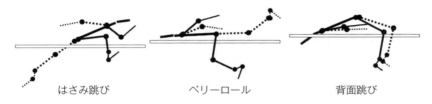

はさみ跳び　　　　ベリーロール　　　　背面跳び

図12　走高跳の跳び方
身体重心の位置関係から、同じ高さを跳躍していても、クリアランスの姿勢が違うと記録が異なってくる。最も有利なのは背面跳びで、最も不利なのははさみ跳びになる。

はさみ跳びはバーを両脚でまたぐように、ベリーロールはバーを下にみて回り込むように、背面跳びはバーを背中越しに弓なりに反ってクリアする姿勢となる。そのため、同じ跳躍力であれば、背面跳び、ベリーロール、はさみ跳びの順で、身体を身体重心より高い位置まで持ち上げることができ、より高いバーを越えられることになる。ただし、背面跳びでは、バーを背にして弓なりにバーを越え、その後、背中から落下することになるので、安全性の高い専用マットへの着地が必要である。

はさみ跳びと背面跳びはバーより遠い側の足が踏み切り足となり、その逆側から助走を開始する。一方、ベリーロールではバーに近い側の足が踏み切り足となり、同側から助走を開始する。はさみ跳びとベリーロールの場合、助走はバーに向かって斜め方向から真っ直ぐに入っていくが、背面跳の助走は、5〜7歩の直線から4〜5歩の曲線を描いて踏み切りに入る（J字助走）（図13）。

これは、背面跳びでは、離地後、身体を4分の1ひねり、背中からバーをクリアするため、身体を後傾させて踏み切りに入り、前回りの起こし回転を利用するのと同時に、曲線助走をすることで身体の軸を自然と内側に傾かせ（内傾）、横方向への起こし回転も利用して、踏み切りでその方向をできるかぎり鉛直方向へとスムーズに変換させるためである（図14）。身体のこの後傾と内傾がなければ、踏み切りによって、身体はバーの方向へと一気に倒れていってしまうため、高く跳ぶことはできなくなる。

2　学習の目的と具体的な技能の目標

跳躍運動の学習の目的は、以下の通りである。

① 助走を生かしてできるだけ遠くに（高く）跳ぶためには「どのように身体を使うべきか」を理解し、実践することができる。
② 遠くあるいは高く跳ぶことの楽しさや気持ち良さを実感し、生涯にわたって運動に親しむ資質や能力を育む。

このような目的を達成するため、学習指導要領では、中学校で「スピードに乗った助走」「力強く踏み切る」ことを中心に、「記録の向上や競争の楽しさや喜びを味わう」ことを、また高校ではそれに加えて「リズミカルな助走」「滑らかな動き」ができることを技能の目標として掲げている。

知識・思考・判断に関しては「特性や技術の名称や行い方、体力の高め方、課題解決の方法、競技会のしかたの理解」「自己や仲間の課題に応じた運動を継続するための取り組み方の工夫」を目標とし、態度の目標としては、「自主的に取り組む」「勝敗などを冷静に受け止める」「ルールやマナーを守る」「役割や責任を果たす」「健康・安全に気を配り、確保する」ことなどがあげられている。

第Ⅱ部　種目別 学習指導法

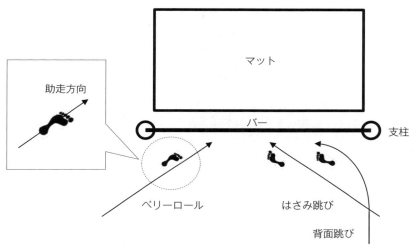

図13　走高跳の助走方向（左足踏み切りの場合）
右足踏み切りの場合、左右が逆になる。なお、いずれの跳び方においても、
踏み切り足の方向（つま先の向き）は、助走方向と同じ方向を向けて接地する。

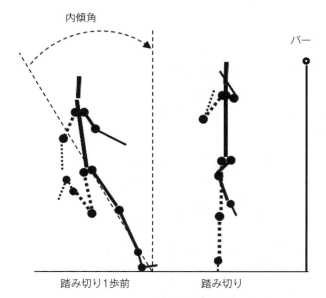

図14　走高跳の踏み切り1歩前と踏み切り時における後方から見た姿勢
左足踏み切りの場合。右足踏み切りの場合、左右が逆になる。

跳躍

[課題と対策]

　陸上競技は、身体能力を最大限に発揮しながら、身体を適切にコントロールし、競争することや自己記録を向上させることを楽しむ運動である。結果は、距離、高さ、タイムなど、記録として客観的に表されるため、課題の達成度は非常に明確になる。それは、多くの学習者の学習意欲を高める一方で、身体能力が低い学習者や運動が苦手な学習者に対して、身体能力の序列を示すことにもなり、学習を嫌いにしてしまう要因ともなり得る。特に運動の苦手な学習者に対しては、「遠くまで跳べない」「高く跳べない」ことを再認識するだけの学習とならないように工夫することが大切になる。

　そのため、学習では、跳躍運動を小学校から中学校、高校へと、その難易度を踏まえながら段階的かつ系統的につなげていく技能習得のための計画が必要となる。その中で、学習者自身が、走幅跳や走高跳の技術的なポイントを「理解する」こと、自己の目標を明確にし、その達成に向けての技術習得と練習の必要性を認識できること（動機づけ）、自己の目標達成のための自己分析や他者観察をする中で「気づき」を感じられること、問題解決の方法を知り「できるようになる」ことが重要である。さらに、ルールやマナーを大切にしながら、学習者同士が相手を認め合い、教え合いながら学習していく「関わり合い」をもたせる工夫も必要となる。

3　「わかって・できる」指導の工夫

（1）走幅跳

　走幅跳では、「助走で得たスピードを生かし、力任せではなく、踏み切り時に生じる起こし回転を用いて弾むように遠くへ跳ぶ」感覚を学習者に経験させ、理解させたい。その際、助走スピードが速くなればなるほど踏み切りが難しくなることも同時に理解させる。具体的には、「助走から踏み切れずに走り

抜けてしまう」「助走スピードに負けて踏み切り時に脚が曲がり、潰れて踏み切る」「踏み切りによる前回りの回転が抑えられず、着地距離が稼げない」「踏み切り線に足を合わせることが難しく、助走で得たスピードが大きく減速してしまう」などである。

　そのため、発達段階に応じた系統的な学習を進めていく。小学校では、助走スピードを落とさず、「弾んで跳ぶ」面白さを味わわせる。そのため、踏み切り板への足合わせや空中姿勢などではなく、「しっかりと踏み切ること」に焦点を当てる。そのためには下記のような工夫をする。

① 踏み切り板の幅を30〜40cm程度まで広く取り、踏み切り板への足合わせを容易にする。
② 踏み切りを容易にするため、リズミカルに走れる15〜20m程度の助走を用いる。

　跳躍方法は、技術的に容易なかがみ跳びを中心に学習させ、その後の技術向上も見据えて、両足で着地させるようにしたい。

　中学では、それに加え、「スピードに乗った助走」「素早く、力強く踏み切る」ことを、高校では「踏み切りから着地までの動きを滑らかにする」ことを学習する。5つの運動局面のうち、助走や踏み切りだけでなく、踏み切り準備・空中・着地といった局面を含めた、跳躍全体の動きをどのように行えばいいのか意識しながら学習を進めていく（表1）。

表1　自己分析・学習カード①

走幅跳の記録アップのための課題と解決方法

目標記録 (m)	

①助走　　③踏み切り　　⑤着地

②踏み切り準備　　④空中

局面	課題	解決方法 （練習内容の選択）	仲間からの アドバイス
①助走			
②踏み切り準備			
③踏み切り			
④空中			
⑤着地			

実践1──身体の使い方が跳躍距離に影響することを理解する(図15)

　身体の使い方や助走スピードが跳躍距離に大きく影響することを目に見える形で理解させ、身体をうまく使う重要性を理解させる。
　グループを作って、以下の異なる条件での跳躍距離を計測し合う。

① 腕を後ろで組み、膝を曲げたスクワット姿勢からの反動をつけない（沈み込みをしない）立幅跳
② 腕を後ろで組んだ立位姿勢からの反動をつけた立幅跳
③ 腕の振りを利用した反動をつけた立幅跳
④ 3歩助走からの走幅跳
⑤ 7歩助走からの走幅跳

　「反動を使う」「腕をタイミングよく使う」「スピード（助走）を生かす」といった身体の使い方により、跳躍距離が確実に伸びることを実感させる。

実践2──踏み切って着地するまでの運動感覚を得る(図16)

　立幅跳から地面反力や自然落下に近い着地を理解するための練習。
　立幅跳で腕の振り込みをうまく利用し、両脚で地面をしっかりと押して「フワッ」と跳ぶ。その後、高く上げた両腕を下ろしながら膝を曲げて自然に砂場に着地する。ここでは、力任せに足で地面を蹴って足が滑ってしまわないように、また着地時に膝が伸びていないことに注意する。
　学習者には、何も意識せずに跳んだ時と、これらの点を意識して跳んだ時の跳躍距離や動きの変化、そして運動感覚の違いを認識させるとともに、空中に跳び出した身体が、投げたボールと同じように、放物線を描きながら地面に落下するイメージを持たせることが重要である。また、立幅跳の跳躍距離が筋力やパワーに大きく影響されること、それらの指標となることも理解させる。

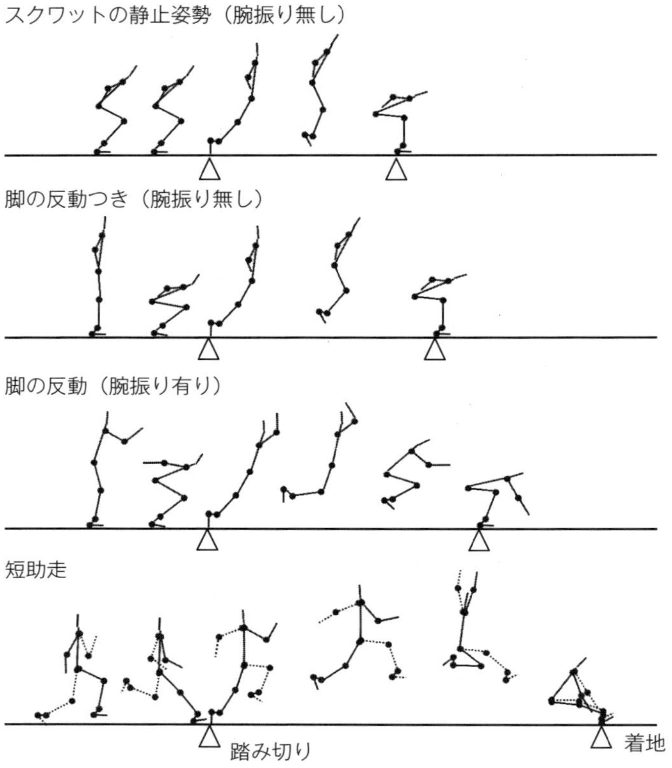

スクワットの静止姿勢（腕振り無し）

脚の反動つき（腕振り無し）

脚の反動（腕振り有り）

短助走

踏み切り　　　　　　　　　　　　　着地

図15　身体の使い方による跳躍距離の違い

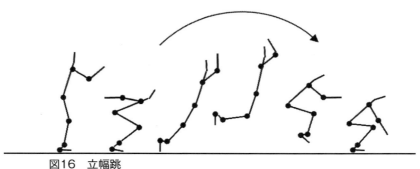

図16　立幅跳
「フワッ」と跳び上がり、膝を曲げてクッションを入れて着地する。

実践3——踏み切り時の腕の役割を理解する(図17)

　踏み切りでは、踏み切り脚だけ力強くしようとしても、助走スピードに負けた潰れた踏み切りになったり、上半身が力んで前かがみの姿勢になったりして、身体が上手く上昇しないことが多い。力強い踏み切りを行うには、踏み切り脚の接地に、反対側の腕を振り下ろすタイミングや、脚を振り上げるタイミングを合わせることが必要になる。そのため、腕と脚のタイミングを合わせるための以下のような練習を行って、踏み切り時の腕の役割を理解するよう促す。

① 腿上げの姿勢から、腿の振り下げと腕の振り下ろしを同時に開始し、接地に合わせて(地面からの反発を受けて)反対側の脚と腕が上げるタイミングを身につける。
② 踏み切り脚を後ろにして、脚を前後に開いた姿勢から、腕の振り下ろしのタイミングと合わせて1歩で踏み切り砂場に着地する(「イチッ！ 着地」)。踏み切り脚の膝を伸ばし、足先をやや上を向かせて接地すると、弾みやすくなる。
③ タイミングが合ってきたら、2歩で踏み切る「イチ、ニッ！ 着地」、3歩で踏み切る「イチ、ニ、サン！ 着地」のように助走の歩数を増やし、スピードある助走から、四肢のタイミングを合わせて踏み切るようにする。

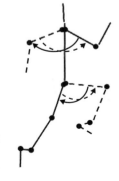

図17　四肢の振りのタイミング
踏み切り脚と腕の振り下ろしの反動によって、反対側の脚と腕が引き上がるようにタイミングを合わせる。

実践4──重心を落としながら踏み切りに入る（図18）

重心を落としながら踏み切りに入り、起こし回転を感じながら踏み切る。

跳躍距離を大きくするためには、踏み切り前に身体重心を下げて踏込角を小さくしながら踏み切りに入ることが必要となる。踏込角が大きくなると、接地時に膝が大きく曲がり、スピードの減速が大きくなるとともに、起こし回転もうまく使えない。そのため、踏み切り時には、身体がぐらぐらしないよう「身体の軸」をしっかりと作り、踏み切り脚の膝は伸展した「突っ張り」のイメージを持つと良い。

練習では、5〜7ｍ間隔に置かれた数台の30〜50cmのミニハードルをリズムよく高く跳ぶことを繰り返す。この時、以下の点に注意する。

① リズムよくミニハードル間を走る。
② 「ターン、タ、タン！」のリズムで2歩前をやや大きくし、素早く踏み切り脚を接地させて、踏み切りに入る。
③ 踏み切り時に膝や腰を曲げず、視線を下に向けない。

こうした点に注意すると、起こし回転を感じやすく、高く跳び上がることができる。その結果として、身体重心を落として踏み切りに入り、踏み切り時に身体の軸をしっかりさせることができる。

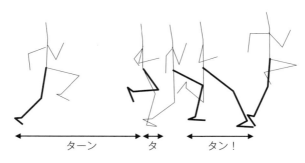

図18　踏切準備における重心の落としと後傾角

第Ⅱ部　種目別 学習指導法

実践5──自分に合った助走距離を見つける（表2）

　スピードのあるリズムのよい助走から力強く踏み切るためには、学習者それぞれが自分に合った助走距離を見つけることが大切になる。助走距離が短かすぎればスピードは出せず、長すぎれば疲れたようにバタバタ走りながら踏み切りに入ってしまう。個々に合った助走距離は、踏み切り板までの助走距離を15m、20m、25m、30mとスタート位置を変えて跳躍する中で見つけていく。助走距離を決める際には下記が参考になる。この時、「自己分析・観察カード」を作成し、記入させながら考えさせていくとよい。

　① 実際の跳躍記録。
　② スピードに乗った助走から力強く踏み切れているか（仲間同士で観察）。
　③ 自分自身よいリズムでスピードを感じながら踏み切れたか。

表2　自己分析・学習カード②
自分に適した助走距離を見つけよう

予想される助走距離 (m)	
理由	

助走距離と跳躍記録

助走距離	記録	感じたこと・気づいたこと	仲間による観察 （アドバイス）
15m			
20m			
25m			
30m			

判断した助走距離 (m)	
理由	

（2）走高跳

　鉛直方向に高く跳び上がらなければならない走高跳では、助走スピードによる起こし回転をより効果的に利用するため、踏み切り時の身体の後傾角度を大きくし、膝を突っ張って踏み切りに入らなければならない。これは、同じ鉛直方向への跳躍である垂直跳とは大きく異なる（垂直跳では膝や腰の曲げ伸ばしを大きく使う）。また、助走スピードは重要であるものの、走幅跳のように全力疾走の95％近いスピードで踏み切りに入ることはできない。大きすぎるスピードは、鉛直方向への方向変換を難しくさせてしまう。そのため、走高跳では、全力走の70〜80％のスピードで踏み切りに入ることが一般的である。

　学習者が走高跳を難しいと感じるのもこうした点と関連しており、「助走スピードに負けて、踏み切り後、すぐに身体がバーのほうに流れてしまう」といったことがよくあげられる。これを改善するためには、下記のように、踏み切り準備局面における起こし回転を、効率的に利用する必要がある。

　　① 踏み切り2歩前のストライドを大きくし、最後の1歩を素早く接地する。
　　② 身体の後傾を大きくする。
　　③ 曲線助走をすることで身体が円の中心に傾く内傾を作る。

　走高跳は、ある高さのバーを越えることを目標とするため、空中動作（姿勢）の技術も大切になる。例えば、はさみ跳びでは、身体重心をバーより高く上げないとバーをクリアできないが、身体を弓なりに反らせる「背面跳び」では、バーより低い高さを身体重心が通過してもバーを跳び越えることが可能となる。ただし、空中動作については、個々の学習者の技能や体力レベルが大きく関係するため、そうした点を考慮した選択をすべきである。

実践1──助走の効果を知る①距離、スピード、リズム

1m前後の低い高さにバーを設定し、助走距離（歩数）を1歩から徐々に増やしていく。その中で、歩数あるいはそれに伴う助走スピードが、高く跳ぶことと深く関わるということを経験させ、理解させる。1歩や2歩からの跳躍では、踏み切り脚の力強さがなかったり、踏み切り脚と反対側の腕の振り下ろしがタイミングよくいかないと、うまく跳ぶことができない。しかし、歩数を増やし、スピードが加わると、跳びやすく、かつ、より遠くへ跳べるということを実感させる。また、3〜5歩の助走において「イチ、ニイ、サン！」「イーチ、ニーイ、サン！」「ターン、タ、タン！」などリズムを変えることで、跳びやすさが変化することも同時に経験させる。これは将来的に、テンポアップした助走から跳躍させることにつながっていく。

実践2──助走の効果を知る②バーまでの走る角度を変える（図19）

一定の助走距離から数種類の助走を行わせ、踏み切り時の身体の後傾や内傾が跳ぶことに深く関わっていることを理解させる。助走距離を5〜7歩に定め、はさみ跳びから始め、直線助走の角度をバーに対して正面から、30度、45度、60度と順に広げていき、最後に曲線助走からの跳躍をさせる。

はさみ跳びでは45度程度の助走角度が最も跳びやすいことを経験させる。また、いずれの踏み切りでも、鉛直方向に跳ぶための準備として後傾する必要があることを理解させる。同様に、背面跳びも、30度、45度、60度と順に広げていき、最後に曲線助走からの跳躍をさせる。背面跳びでは、身体の後傾とともに、曲線助走により自然と身体が内傾し、より背面から跳びやすい姿勢が作れることを理解する。なお、はさみ跳びで

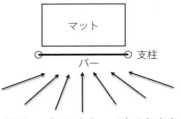

図19　バーに向かって走る角度を変えた助走

は、曲線助走を行うことで、背面跳びへの移行を容易にすることができる。

実践3──サークル走とスラローム走（図20）

　踏み切り時の内後傾角と起こし回転を知るために、サークル走やスラローム走を活用する。マークなどを置いた円の周りをリズミカルに走ることで身体が内側に傾くことや、三角コーンを等間隔に直線上に並べ、左右交互に蛇行しながら走ることで、身体が左右に傾く運動感覚を得る。実際の背面跳びでは、曲線助走中、身体が円の中心に傾く（内傾）ことで重心が下がり、起こし回転を効果的に利用しやすくなる。

［**サークル走**］

　円の周りを走るサークル走では、直径が5m程度の大きな円から3m程度の小さな円にしていく中で、遠心力の大きさやそれに抗して走るためにはどのくらいの力を発揮することが必要かを感じる。それとともに、結果としてどのくらいの内傾が生じるのかを理解させる。

　導入段階や、学習者がイメージしにくい場合には、走高跳のバーを腰の位置に当てて持ち、その反対側を円の中心に置きながらサークルを走ることによって、身体の傾きが視覚的にもわかりやすくなる。

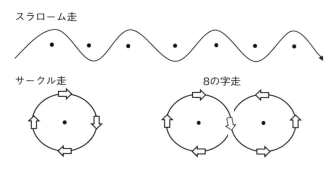

図20　スラローム走、サークル走、8の字走
身体に軸が内側に傾く感じをつかむ。

[スラローム走]

　スラローム走は、直線上に三角コーンなどを等間隔に設置して行う。最初は、4m程度の幅に5〜7個を置いて、リズムよくゆっくり走る中で、身体が左右に大きく振られる感じを体験させる。その後、2m程度まで間隔を狭くし、リズムをテンポアップさせ、シャープに身体の移動方向を切り返すことを身につけさせる。また、8の字を描くように走ることも、身体の傾きが感じられて効果的である。

　実際の跳躍場面に近づける、すなわち身体の内後傾と踏み切りのつながりを体感させるためには、マット近くの踏み切り位置を通るようにサークル走を行うことや、U字のようにマットに向かったあとに反対側に走り抜けていくことなどの工夫を行う。

実践4——真上に高く跳びあがるための踏み切り準備（図21）

　真上に高く跳びあがるための踏み切りの準備練習として、高さのある物へのタッチを行う。助走をつけて、バスケットボールのゴールネットや木の枝などに跳んでタッチする。踏み切り準備から踏み切りまでのリズムを覚えることが大切である。実際の走高跳をイメージして「ターン、タ、タン！」のようにリズムをとり、歩幅を長短にして、身体重心を落としながら踏み切る感じをつかむ。

図21　高さのある物へのタッチ
重心を落として真上に高くジャンプする。

実践5──背面跳びの導入練習（図22、図23）

［マットへの跳び乗り］

バーに対して背を向けて跳ぶ、背面跳びの動きを身につけるため、3～5歩の短い助走からマット上に腰から跳び乗る（図22）。勢いがつき過ぎて身体の側面からマットに落ちないこと、そしてマットに対してできるだけ直角に跳び乗ることを意識させる。マットの高さは2枚重ねにするなど、跳び乗れる範囲で高いほうが効果的であるが、安全面には配慮が必要である。また、マットの高さが腰より低い場合（約90cm以下）、助走を3歩までとし、マットに跳び乗るというより臀部から跳び降りるようにすると良い。

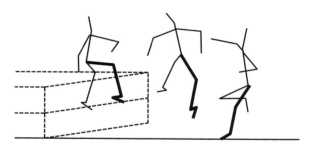

図22　背面跳びの導入練習（マットへの跳び乗り）

［立ち背面跳び］

マットに背を向けて立った状態からマットに向かって背面から跳ぶ（図23）。助走をつけずに、両脚で後方にジャンプして、空中では身体を反るようにして背中から着地する。

最初はバーをつけずに始め、段階的にゴムバーを使ったりしながら、その高さを上げていくようにする。初めは恐怖心からマットやバーに向かって斜めに跳んでしまい、寝そべる姿勢になることが多い。そのため、最初はマットにできるだけ近い位置からマットの奥へと、大きい弧を描くように跳躍させる。そ

第Ⅱ部　種目別 学習指導法

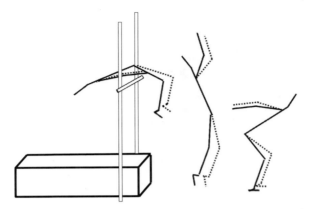

図23　背面からのジャンプ
助走をつけずに、両脚で後方にジャンプして空中姿勢の反る感じをつかむ。

の後のステップアップとして、踏み切り後に顎を上げながら、高さのある滞空時間の長い放物線を描く大きなウェーブのイメージを持たせることで、身体をより上昇させ反った姿勢にさせていく。身体が上昇し腰がバーを通過した後は、顎を引いてお腹を見るようにさせると、頸反射と上半身の反作用により、踵が上に引き上げられ、バーに当たらないようになる。

（3）三段跳

　三段跳は、高校で初めて学習する。独特なリズムで「ホップ〜ステップ〜ジャンプ」と跳躍が3回連続する三段跳の特性や魅力を十分に味わえるよう学習を進める。三段跳では、ホップの踏み切り時に、走幅跳のように高く跳び上がってしまうと、続くステップとジャンプ時に助走のスピードがつながらなくなってしまう。したがって、走幅跳よりも小さい14〜18度の跳躍角で踏み切り、できるだけブレーキをかけずに跳躍していくことを目標とする。

実践1──いろいろな連続跳躍でリズムの楽しさを知る（図24）

跳躍リズムの楽しさを知るために、ホッピング、バウンディング、コンビネーションジャンプといった連続跳躍を取り入れる（図24）。

片脚での連続跳躍（片脚ホッピング）、左右交互に脚を前後に大きく広げながらの跳躍（バウンディング）、そして右・右・左・左のように交互に2歩ずつ跳躍するホッピング（コンビネーションジャンプ）からの砂場への両足着地など、走動作とは異なるリズムでの動作を安定してできるようにする。初めはいわゆる「ケンケン」のようになってしまい、前方にジャンプすることさえ難しいが、両脚と両腕のタイミングとリズムをうまく合わせることができるようになると、いろいろなジャンプを楽しめるようになる。

実践2──積極的な踏み切りと全身の先取り動作（図25）

ミニハードルなどを5台程度置き、そのあいだを1歩あるいは2歩で「タ、ターン！」「ターン、タ、ターン！」のようにリズムよく連続跳躍を行っていく。学習が進むにつれ、地面への積極的な接地や脚とリズムを合わせた腕の積極的な動きを引き出すため、ミニハードル間を徐々に広げていく。続く動きの準備を前もって行うことで、先取り動作を自然と生み出すことにもつながる。

実践3──いろいろな連続跳躍で記録を測定する

ホッピングやバウンディング、コンビネーションジャンプなど、各種のジャンプの記録を計測し、仲間と競争する。この測定では、ただ単に記録を測定するのではなく、学習者自身がどのようなリズムの連続跳躍が得意で、どのようなものが苦手かを認識し、どこを修正すべきか、仲間の助言も踏まえて考えていくことが重要である。

第Ⅱ部　種目別 学習指導法

ホッピング

バウンディング

コンビネーションジャンプ

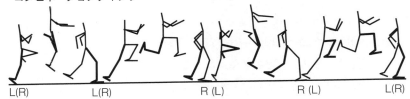
L(R)　　　L(R)　　　R (L)　　　R (L)　　　L(R)

図24　ホッピング、バウンディング、コンビネーションジャンプ
腕と脚のタイミングを合わせて大きく振る。

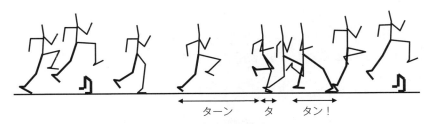
←──ターン──→←タ→←タン！→

図25　ミニハードルを用いた連続跳躍
着地の後に「ターン、タ、タン！」のリズムでジャンプする。

跳躍

（4）指導者の関わり方

　「上手にできる」「遠くへ跳べる」といった技能向上ばかりに気を取られ、技術練習などの繰り返しに重点を置き過ぎると、学習内容が単調になり、学習意欲は下がってしまう。指導者は、達成すべき目標を明確に示し、それに向けた課題解決のための段階を踏んだ系統的な練習過程を、「積極的に」「楽しく」「運動の面白さを味わいながら」行っていける「場づくり」や「言葉がけ」を行う必要がある。

　特に、学習時における指導者の「言葉がけ」は、技能習得や運動意欲にとって重要であり、学習者同士が相談し、課題の解決をしようとする時も、どうすべきか考えるヒントを与えてくれる。また、指導者の「言葉がけ」から学習者同士の話し合いが生まれ、それは運動に対する感性やコミュニケーション能力などを育むことにもつながっていく。

　しかし、指導者が運動技術の「コツ」を学習者に伝えようと、そのイメージだけを伝えようとすると、学習者にはほとんど伝わらない。あるいは両者にイメージのずれが生じることが往々にしてある。そのような時、指導者は、「示範」「映像」「掲示物」等を活用し、学習者それぞれが持つ感覚的な言葉を用いて話していくと、その「コツ」が学習者に伝わりやすくなる。学習者にとっても、ふだん意識していない身体の動きを意識し始めるきっかけとなり、運動効率を上げていくことにつながっていく。

　「スポーツオノマトペ」の利用もその1つの方法である（表3）。

　「スポーツオノマトペ」とは、五感による感覚的な印象を言葉で表現する言語活動のことで、これを適切に使用することによって以下の効果が生まれるとされる。

　　①学習者が興味関心を持ち熱心に活動するようになる。
　　②学習者の動きが良くなる。

表3　スポーツオノマトペの分類例

1．管理（否定的）			
モタモタ	ボヤボヤ	ガチガチ	ダラダラ
ボロボロ	バラバラ	ハラハラ	
2．管理（肯定的）			
ガンガン	キビキビ	キチン	キリッ
ジャンジャン	シャキッ	グイグイ	
3．パワー（動きの力の強さの程度を表す）			
バシッ	ドオーン	パーン	ガツン
グッ	バン		
4．スピード（動きの速さの程度を表す）			
サッ	シュッ	ガッ	チョン
パッ	スッ	ピッ	
5．持続性（動きの持続時間の長短を表す）			
フワッ	スーッ	ポーン	サーッ
ピョーン			
6．タイミング（動きの実行効果を最大にするための時間的調整を表す）			
ドンピシャ	ピッ	ドンッ	ストン
ピタッ	ポン		
7．リズム（動きの時系列的調整を表す）			
トントン	バタバタ	トン・ト・トン	
ポーンポーン	ピョンピョン		

③イメージを膨らませやすい。

④状況や雰囲気など指導者の気持ちを伝えやすい。

⑤学習者が動きやタイミング、パワーなどの強弱を理解しやすい。

⑥内容を手短かに伝えやすい。

⑦学習者が動きを感覚で覚えることができる。

　例えば、以下の事例は、さまざまな運動要素に対する「スポーツオノマトペ」の使用例である。

①助走スタート時に「スッ」と加速してスピードを上げる（スピード）。
②踏み切り準備で「ターン・タ・ターン」と素早く踏み切りに入る（リズム）。
③踏み切り接地時に「ガツン」と腰をのせる（パワー）。
④踏み切り板に「ピタッ」と足を合わせる（タイミング）。
⑤自然落下を心がけるために「フワッ」と着地する（持続性）。

4　評価

　身体運動の学習では、課題となる運動を「わかって・できる」ことが最終的な目標とされる。跳躍運動の学習でも、その力学的・生理学的・心理学的な基本的特性を理解し、それを運動感覚を通して動きへと結びつけることで、より高く、より遠くへ跳ぶことができることが最終的な目標となる。その評価方法としては、以下の点があげられる。

1）「跳躍距離」の評価

　短距離走と同様、跳躍運動でも、学習過程で学習者自身が「どれだけ進歩したか」を評価することが最も重要になる。したがって、「学習の開始時からどれだけその跳躍距離を伸ばすことができたのか」が評価基準となる（個人内評価）。同時に、学習開始時の状況から目標値を定め、それに対してどれだけ近づくことができたのかについても評価する（絶対評価）。目標値については、過去の学習における到達値の平均値や、同年代の市町村記録など、学習者が達成できそうな、かつ興味を示すような水準の値を、学習者の状況に応じて設定するのが良い。このような評価は、以下のような到達率によっても判断できる。

$$到達率（％）= \frac{（学習終了時の記録 - 学習開始時の記録）}{（目標記録 - 学習開始時の記録）} \times 100$$

跳躍運動のパフォーマンスには、形態の違いが大きな影響を及ぼす。跳躍運動では、身長が高いあるいは下肢が長いほうが、跳躍距離に対して基本的には有利である。したがって、跳躍距離を単に比較し、その優劣だけで学習者間を評価することは望ましくない。そのため、「跳躍距離の評価を身長比にし、身長による影響を小さくする」ことが1つの重要な評価方法になる。

2）「動き」の評価

「動き」の評価は、あらかじめ設けた学習目標をもとに「判定基準」を設定し、それに基づく評価を行う。3段階であれば「十分満足（A）」「おおむね満足（B）」「努力を要する（C）」となる。

例えば、目標とする動きが「スムーズに何度も繰り返しできる」ようであればA評価、「ぎこちなく、時折にしかできない」ならばC評価となる。走幅跳では、「スピードに乗った助走から力強く踏み切って跳ぶことができる」こと、走高跳では「リズミカルな助走から力強く踏み切り、滑らかな空間動作で跳ぶことができる」ことが一般的にはA評価に該当する。ただし、この評価基準は、学習者の技能レベルによっても異なる。学習目標は、成功体験をできるかぎり確保するため、「もう少しでできる」レベルに設定することが望ましく、評価基準もそれに応じて異なるからである。なお、3段階の基準設定は、判定がおおまかになる一方で、他の指導者との共通性が保ちやすい。5段階の設定にした場合には、判定がより細かくできるものの、それを判断する指導者の技量がより求められることになる。

走幅跳の実践1（161頁）で示したように、跳躍運動では身体の使い方が跳躍距離に大きく影響する。そのため、動きを評価するうえでは、「ある基本的な動きによる跳躍距離を基準とし、腕や脚の動きや助走スピードを加えた時の跳躍距離がどれだけ伸びたかの倍率を評価する」ことも非常に効果的である。

例えば、走幅跳では、腕振り・反動なしのスクワット姿勢からの跳躍距離を基準として、反動つき、腕振りつき、助走付きの跳躍距離が何倍伸びたかを評価するものである（162頁の図15参照）。

3）「動きへの気づき」の評価

跳躍運動では、短距離走と同様に、ただ単に「力いっぱい跳ぶだけ」に留まってしまうことも多く、学習過程の中で「何を経験し、何を学んだか」を明確にできない可能性が高い。そのため、

- どのような感覚で行うと、どのような動きが生じるのか
- どのように動くと跳躍距離を伸ばすことができるのか

について、学習者がどの程度「気づいているか」を評価すべきである。これは、力学的・生理学的・心理学的な特性を、自分自身の運動感覚のもとに、実際の跳躍動作につなげていくやり方を理解できたかという評価である。評価方法としては、学習ノート等を作成し、上手くいった時やいかなかった時の運動感覚や、その結果としてどのような動きが生じたのかについて記述させることで、その気づき度を評価する等がある。

投てき

1　基礎知識

（1）学校教育における投てき

　陸上競技における投てき種目は、砲丸投げ、円盤投げ、ハンマー投げ、やり投げの4種目である。体育授業においては、高等学校で砲丸投げとやり投げの2種目が学習指導要領に明記されている。

　高校生の競技用砲丸は、男子用が6.000kg、女子用が4.000kgである。多くの学習者は砲丸を重く感じ、また、遠くに飛ばせないことから楽しいという印象をもちにくい。一方、競技用やりは、男子用が800g、女子用が600gであり、それほど重さも感じないため、比較的扱いやすい。しかし、男子用のやりは2m60cm、女子用のやりは2m20cmと長く、ボールを投げるようにはうまく飛ばないため、難しいという印象をもつことも多い。

　学校教育における投てきの学習では、このような砲丸の重さとやりの長さを感じながらも、投てき物を遠くに投げることの楽しみを体感することが重要になる。

（2）砲丸投げとやり投げの特性

1）技術の特性

　砲丸投げは英語で Shot Put、ドイツ語で Kugelstoßen といい、やり投げは英語で Javelin Throw、ドイツ語で Speerwurf という。

　日本語の「投げ」にあたる言葉は英語では Throw、ドイツ語では Wurf であるから、英語とドイツ語では、砲丸投げを砲丸突きと表現していることがわかる。学習指導要領の砲丸投げの項目では、「全身を使って砲丸を突き出す砲丸投げ」、「砲丸のまっすぐな突き出し」と書かれているように、砲丸投げの動作は「投げ」ではなく、「突き」である。したがって、「砲丸投げ」の学習では、砲丸を「投げる」のではなく、「突く」動作として学習したい。

　投てき種目の面白さは、投げた物体が遠くに飛ぶことにある。物体の飛距離は、空気抵抗を無視すれば、手から離れるときの物体の初速度、投射角、投射高など（図1）から計算できる。飛距離に最も影響が少ないのは投射高であり、身長が不利に働くことは考えなくてもよい。逆に、最も大きな影響を与えるのは初速度であり、物体の初速度を高める動作が学習のポイントとなる。

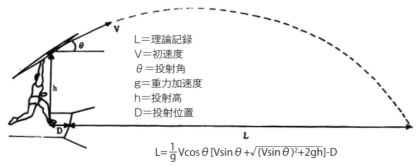

$$L = \frac{1}{g} V\cos\theta \left[V\sin\theta + \sqrt{(V\sin\theta)^2 + 2gh} \right] - D$$

L＝理論記録
V＝初速度
θ＝投射角
g＝重力加速度
h＝投射高
D＝投射位置

図1　やり投げの理論記録
（日本陸上競技連盟強化本部バイオメカニクス研究班編『世界一流競技者の技術』ベースボールマガジン社、1994、p.225改変）

投てき種目の特徴は、動作の最終局面において脚で急ブレーキ（ブロック）をかけ、グライド、ターン、助走により得られたエネルギーを運動連鎖によって投てき物に伝え、ムチの先端が弾かれるようにその初速度を高める点である。なお、初速度をより高めるために、投てき物を保持して力を加える距離を長くする必要がある。

2）発育発達からみた特性

一般的に、筋力が十分に発達していない学習者が重い物体を投げようとすると、自然と「突く」ような動作になる。高校生の競技用砲丸は、男子用で6kg、女子用で4kgであり、筋力が十分に発達していない学習者にとって、砲丸投げの動作が「突く」ようになるのは当然である。一方、ほとんどの学習者にとって、男子用800g、女子用600gのやりは比較的軽いため、やり投げでは「突く」のではなく、「投げる」動作になる。

砲丸投げの学習では、砲丸の重さは体重の5％前後が望ましいとされる。したがって、競技規則にとらわれず、高校男子では4kg、高校女子では2.721kgの砲丸を用いるのが適切である。いずれにしても、学習者の投能力の発達状況をみて、砲丸の重さを柔軟に変更するのがよい。

文部科学省の体力テストの傾向をみると、最近、「投げる」能力が低下傾向にある。その理由として、公園でのボール投げが禁止されるなど、遊びの中で野球やドッジボールを行う場所が少なくなり、「投げる」動作の経験不足が指摘されている。全身の筋肉を連動させる投てき種目の学習は、コーディネーション能力を高める上でも有益であるため、子どもの頃から遊びの中でも「投げる」取り組みが必要である。

2　学習の目的と具体的な技能の目標

投てきの学習の目的は「投てき物の形状、大きさ、重さに応じて、効率よく

投てき物に力を伝え、遠くへ飛ばすことのできる身体の使い方を理解し、実践することができる」である。このための具体的な技能の目標を以下にまとめる。

（1）砲丸投げ

　①重いものを投げるには、「突き出す」動作が有効であることを理解する。
　②脚や体幹のひねりを用いて全身を使った力強い突き出しができる。
　③砲丸のリリースに向けた準備動作を有効に利用できる。
　④学習者同士が互いの動作を観察し、記録向上に有効な指摘ができる。
　⑤安全管理に注意できる。

　日常生活の中で、重いものを「突き出す」動作は、学習者のほとんどが経験していない。そのため、段階を追って動きを理解しながら習得していくことが必要となる。また、学習内容が単純になりやすく、学習者の動機づけが難しいため、記録の向上を目に見える形にするなどの工夫も必要となる。以下に、そうした課題への対策例を示す。

　①「突き出す」動作の有効性を体感できるよう、あえて「投げる」動作も試す。
　②「腕のみ」、「脚と腕」、「体幹のひねりと脚と腕」を使った投げを行い、その記録を比較することで、脚や体幹のひねりを用いた「突き出し」の有効性を体感できるようにする。
　③準備動作の有無による記録を比較することで、その有効性を体感できるようにする。
　④学習者同士の比較観察によって、動作の違いを指摘し合い、互いの動作の特徴を感覚として自覚し、より良い動作へつなげる。
　⑤視覚や聴覚を用いて、安全な砲丸投げを行う。

（2）やり投げ

① やりを投げる腕を大きく振り、オーバーハンドスローができる。
② 長さのあるやりを狙いに向かってまっすぐ投げることができる。
③ 助走を有効に利用できる。
④ 学習者同士が互いの動作を観察し、記録向上に有効な指摘ができる。
⑤ 安全管理に注意できる。

　やり投げの学習も、砲丸投げと同様の課題がある。すなわち、学習者のほとんどが、やりのような長さのある物体、非球形の投てき物を投げた経験がないため、段階を追って動きを理解しながら習得していくことが必要である。また、学習内容が単純になりやすいので、動機づけのために、記録の向上を目に見える形にするといった工夫も必要となる。そうした課題への対策例として、以下が考えられる。

① 「押し出す」動作ではなく、オーバーハンドスローにつながるよう、投げる腕を頭の高さから狙いに向かって振り抜くようにする。
② やりを狙いにまっすぐ投げるため、構えからリリースまでやり先が狙いに向けられているようにする。
③ 助走の有無による記録を比較することで、その有効性を体感できるようにする。
④ 学習者同士の比較観察によって、動作の違いを指摘し合い、互いの動作の特徴を感覚として自覚し、より良い動作へつなげる。
⑤ 視覚や聴覚を用いて、安全なやり投げにつなげる。

3　砲丸投げを「わかって・できる」指導の工夫

（1）全身を使って砲丸を「突く」感覚を得る

　年齢や体力に応じて、メディシンボール、バスケットボール、バレーボールなど、重さの異なる握れない大きさのボールを用いて、以下の練習を行い、「突く」感覚を得る。なお、これ以降、右投げとして記述する。

> **実践1──立ったままボールを突く・引く（図2）**

　AもBも足を前後に軽く開き、頭の位置は、自分の両足の中央あたりに維持する。
① Aはボールを「あご」と「首」のあたりにつけ、Bはボールを突ききった（肘が伸びた）姿勢をとる（この姿勢になれる距離をAとBでとる）。この時、Bは胸をAに真っ直ぐ向け、AはBに対してからだを90度横に向ける。
② Aはボールを押し（突き）始める。
③ Aがボールを突ききった状態となり、BはAによって押されたボールを「あご」と「首」のあたりにつける。

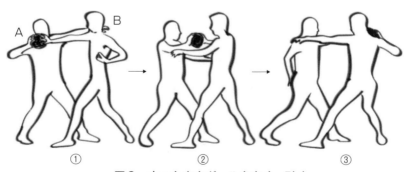

図2　立ったままボールを突く・引く

AとBはビデオの再生と逆再生のイメージを持ち、リズミカルにこの動作を繰り返す。

　「突き」も「引き」も、手首と肘がボールを突く方向に一直線上に維持できれば、ボールは落ちない。ボールを突く方向から肘が下や横にずれると、肘関節が砲丸の重さに負けて力が伝わらなくなる。

　なお、握れる大きさのボールを用いると、簡単に「あご」と「首」からボールを離すことができるため、ボールを「投げて」しまうことが多いので注意が必要である。

実践2──脚を使って砲丸を投げるパワーポジションを習得する（図3）

　脚を用いて全身で砲丸を投げるパワーポジションを習得する練習である。頭が投てき方向に移動してしまわないよう、学習者同士で観察し、指摘し合い、誰がうまくできているか競う。

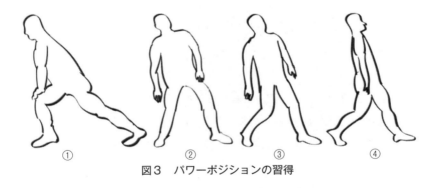

図3　パワーポジションの習得

① 両足のつま先を顔の向きと同じ方向に向け、両足を前後に肩幅よりも広めに開く。右脚の股関節を曲げ、両手を右膝に乗せ、左脚を伸ばす。この時、右足首、右膝、頭は、地面から垂直に一直線に位置する。
②〜④両足のつま先を中心に、かかとを180度左回転（時計と反対方向）させ、からだ全体を回転させる。両つま先と胸を同じ方向でとめる。この

時、頭の位置は両足の真ん中あたり、腕と手は、からだのバランスを取るように、軽くからだから開いて降ろす。左足首から頭は一直線に位置し、右かかとを浮かせ、右足首から頭はアーチを描く（右膝が折れない）。

これらの動作をビデオの再生と逆再生のように、リズミカルに繰り返す。

実践３——壁に向かってボールを突き出す（図４）

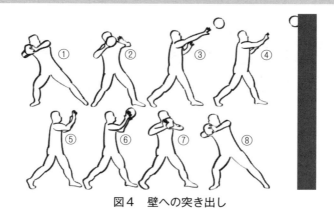

図４　壁への突き出し

　実践１と２（図２、３）の組み合わせである。
　壁と自分との距離は、ボールの弾力と突き出す強さで調整する。より強い突き出しができれば、壁から離れることができる。どこまで離れられるか、学習者同士で競ってみる。
　ボールが突き出した手に返ってこなければ、「突く」のではなく肘が下がった「投げ」になっている、あるいは頭が前に流れている可能性があるので、学習者同士で観察し合って動作を確認する。

（２）脚や体幹のひねりを使う

> 実践４──脚や体幹のひねりと飛距離の関係を確認する

体幹のひねりなし（図５）、体幹のひねりあり（図６）、脚の利用あり（図７）、脚も体幹のひねりもあり（図８）の順に投てきを行い、その飛距離の違いを身体の使い方の違いとともに確認する。

図８の動作ができるだけ短時間でできれば、ボールは遠くへ飛ぶ。

学習者同士で誰が一番よく飛ばせるかを（＝うまく脚や体幹のひねりを使えているか）競う。

A　椅子に座って腕だけで突き出す（体幹のひねりなし）（図５）

椅子に座り、胸を正面に向け、握れない大きさのボールを右首に着けた姿勢から突き出す。

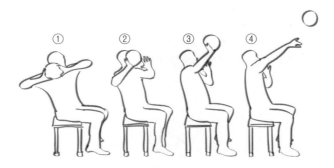

図５　椅子に座って腕だけで突き出す（体幹のひねりなし）

B　体幹のひねりを使って突き出す（図６）

右脚を90度開き、上半身を投げる方向に対して90度ひねった姿勢から、ボールを突き出す。

図6　体幹のひねりを使って突き出す

C　脚を使って突き出す（図7）

　図5の①の体勢から、立ち上がりながらボールを突き出す。

図7　脚を使って突き出す

D　脚と体幹のひねりを使って突き出す（図8）

　図6の①の体勢から、立ち上がりながらボールを突き出す。

図8　脚と体幹のひねりを使って突き出す

（3）テニスボールを使って「突く」動作を学習する

実践5──「突く」動作

　砲丸は人に当たると命を脅かす事故につながるため、安全学習の面からも、実際の砲丸を用いる前に、砲丸に近い大きさの中古テニスボールなどを用いた「突く」動作の練習を行う。そのあとで、砲丸を用いた同様の練習を行うようにする。

砲丸の持ち方
　砲丸（テニスボール）は中指の付け根あたりにのせる。小指と親指はボールを側面から支え、他の3本の指は、少し間隔をあける。

図9　砲丸の持ち方
（W ローマン『走る・跳ぶ・投げる』、あゆみ出版、1980、p.124）

砲丸投げの一連の動作──成功例（図10）と失敗例（図11）
　砲丸を突き出したあと、右手を、砲丸（テニスボール）が放たれた位置に維持するようにする。足はこの時、両足とも地面に触れている（図10⑥）。

図10　砲丸投げ成功例

下の図11⑤のように右足が地面から離れていると、突き出す前に頭が投てき方向に流れた、悪い突き出しとなる。

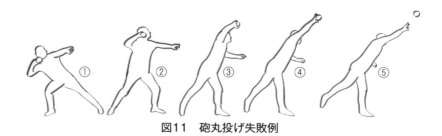

図11　砲丸投げ失敗例

パワーポジションを確認する（図12）
砲丸を遠くに飛ばすために重要なパワーポジションを確認する。
①の姿勢を取る。
②テニスボールをそのまま地面に落とす。
③右足に落ちないことを確認して、そのポジションを学習する。

図12　パワーポジションの確認

練習の実施手順（図13）

① 踏んでも捻挫の危険性の少ない、チューブを抜いた自転車の古タイヤなどを投てき位置とし（安全管理上、投てき位置を明確にする）、左足を入れて練習する。
② タイヤから十数m離れた反対側にも同様に投てき位置を作り、そのあいだに1m間隔の目印を入れた線を引く。
③ 左足をタイヤに入れ、投てき物が当たる事故を防ぐ点からも、合図によって一斉に砲丸（テニスボール）を突き出す。
④ 砲丸（テニスボール）を突き出す人は、大きな声で「いきます」などと言う。
⑤ その他の全員が、確認のため、大きな声で「はい」といった返事をする。
⑥ 転がってくる砲丸は必ず足裏で止める。砲丸は硬く重いため、手で止めたり、足の内側で止めたりしようとすると、骨折する危険がある。砲丸を使う前に、テニスボールを用い転がってきたボールを足の裏で止める習慣をつける。
⑦ 止めた反対側の学習者は、次の投てき者となり、タイヤの後ろには次に投げる人が並ぶ。

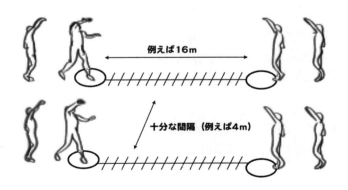

図13　砲丸投げ練習

(4) ステップとグライド

　砲丸投げにも、走り幅跳びの助走にあたる動作がある。それが、ステップやグライドである。競技会では、主にオブライエン投法（図14）が使われているが、難しいため、比較的簡単なステップ動作から学習する。

図14　オブライエン投法
（Karl-Heinz Bauersfeld, Gerd Schöter, Grundlagen der Leichtathletik, Sport Verlag, 1992, pp.299-298）

　以下に、砲丸投げで用いるステップを簡単な順に示す。動作が簡単なほど、砲丸に力を加える距離は短くなり、飛距離は落ちる。

サイドステップ（図15）
① 投てき方向に対して90度横を向く。
　　左足を投てき方向に開き、右脚の股関節を軽く曲げ、右足首、右膝、右腰、頭を地面から垂直に一直線に位置する。
②～③ 左脚を右脚に近づけ、左脚を投てき方向に振り戻し、パワーポジションになる。
④～⑧ パワーポジションになる際、できるだけ右足と左足を同時に接地し、その後すぐ砲丸を突き出す。

図15 サイドステップ

クロスステップ（図16）
　クロスステップでは、右脚が左脚の前を通過し、投てき方向に接地してパワーポジションになる点がサイドステップと異なる。

図16 クロスステップ

グライド（オブライエン）投法（図17）
①投てき方向に背を向ける。
②左脚を地面から浮かせ、からだを前方向に傾ける。
③〜④左脚を浮かせたまま、椅子に腰掛ける姿勢になる。
⑤左脚を投てき方向に引き戻し、その勢いで投てき方向に移動する。移動

は右足や右脚で蹴るのではなく、右足のかかとを引きずるようなイメージで、左脚を後ろ（投てき方向）に引き戻す勢いで行う。右足で蹴って後方に進むと、バランスをとるのが難しく、後方に進む力が弱くなる。
⑥ できるだけ右足と左足を同時に接地し、パワーポジションから砲丸を突き出す。

図17　オブライエン投法

　サイドステップ（図15④）、クロスステップ（図16③）、グライド（図17⑥）ともに、パワーポジションで左脚を地面から2回ほど浮かせ、ぐらつかなければ正しいパワーポジションを確認できる。
　ステップやグライドからパワーポジションまでの動作を10 m区間で行い、その到達回数や時間で競争すると面白い。

（5）砲丸投げ競争と記録測定

1）公式ルール

　砲丸は、直径2.135 mのサークルから、34.92度の範囲のピット上に落下するように突き出される（図18）。記録は1 cm未満を切り捨て、1 cm単位で測定する。落下地点のサークルに最も近い痕跡にメジャーの0（ゼロ）を置き、サークルの中央ピンにメジャーを引いて、足留材のサークル内側の距離を測る。この方法によって、砲丸の落下が左右にばらついても公平に測定することができる。

第Ⅱ部　種目別 学習指導法

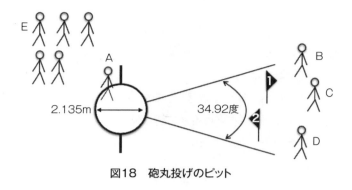

図18　砲丸投げのピット

2）同時に複数人が記録測定を行う場合（図19）

同時に複数人が記録測定を行う授業では、安全面と時間制約を考慮し、次の方法で行う。

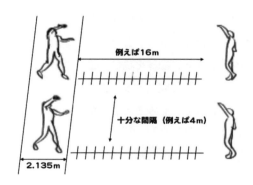

図19　サークル環境を用いた砲丸投げ

　左右の間隔を十分にとり（5mぐらい）、砲丸を突き出す人、その他の人ともに声を出しながら、安全を確保して実施する。
　サークルを描くには時間がかかるため、2.135m幅の線を引いて行う。
　複数人が左右で同時に砲丸を投げることから、安全面を考えた場合、次のよ

うな方法をとることができる。

① 落下地点に１mあるいは50cm間隔でラインを引き、その間隔を最小単位として距離を競う。
② 投てきごとに落下地点を確認し、そのつど、落下地点の投てき位置側に近い痕跡に学習者ごとに番号を割り振ったペグ（マーク）を差しておく。ペグは他の砲丸が当たりにくいよう、その向きを図18のペグ１のように向ける。

　投てき回数が複数回の場合、２回目の投てきから、１回目の投てき距離が短い者順にペグ番号を呼び、投てきすると、ペグを探す必要がなく、スムーズに進行できる。２回目以降、投てき距離が１回目よりも短ければ、ペグを動かす必要はない。投てき距離の２回目が１回目よりも長ければ、２回目の砲丸の落下地点にペグを差す。
　記録の測定時には、投てき距離の短い人から測定すると、メジャーのたるみがなく、測定しやすい。記録と投てき者を一致させるため、ペグ番号を呼び、呼ばれた人は返事をしたあと、記録を読む。記録の記入ミスがないように、記録者は読まれた記録を復唱して記入する。この方法では、記録測定者と記録者以外も記録を聞くことになり、記録ミスを少なくできる。

4 やり投げを「わかって・できる」指導の工夫

(1) 短い助走からやりを前方にまっすぐ投げる学習

1) 腕を大きく動かす

　日常生活の中で、ボールを投げる経験が少なくなっているので、ボールを「押し出す」動作ではなく、腕を大きく動かす「オーバーハンドスロー」の感覚を得られるようにする。

実践1——地面や床にテニスボールを投げる（図20）

　ボールを投げる強さや位置を調整して、跳ね返ってくるボールをうまく取れるようにする。
　ジョギングしながら、腕を大きく振り地面にテニスボールを投げては捕る動作を繰り返す。左右手を交互に投げるのもよい。

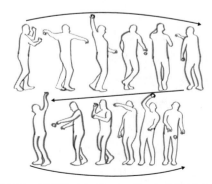

図20　地面や床にテニスボールを投げる

実践2——壁にテニスボールを投げる（図21）

どこまで壁から離れて「投げて」はね返ってきたボールを「捕る」ことができるか挑戦する。

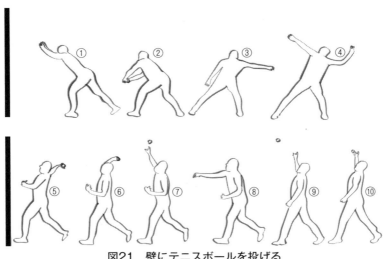

図21　壁にテニスボールを投げる

2）やりを保持する

やりの握り方（図22）

① グリップの少し上を親指と人差し指で軽くつまむ（握るのではない）。
② グリップまで滑り降ろし、グリップで停める。
③ しゃがんで、前腕をやりにくっつける。
④ 残りの指3本（中指、薬指、小指）でグリップを握る。

グリップの握り方はこのほかにも、親指と中指でつまむ方法や、人差し指と中指のあいだにやりをはさみ、残りの指で握る方法（フォークグリップ）がある。ただし、フォークグリップは、握りが安定しないため勧めない。親指と人

差し指で握って試し、その後、中指と親指で握る方法も試しながら、自分になじむ方法で握ればよい。

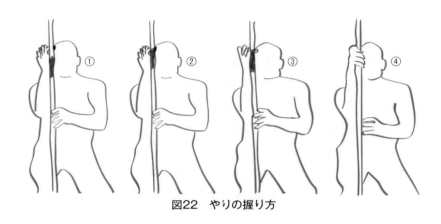

図22　やりの握り方

やりの構え方

　図23のように、やりを保持するグリップの位置を頭の高さに、やり先をこめかみにくっつけると、やりの方向を安定させることができ、前にまっすぐ投げやすくなる。そして、やりに力を加える距離を長くするために肘を伸ばす。

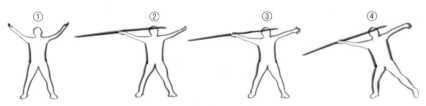

図23　パワーポジションへ移行するまでのやり投げの構え

① 足を肩幅より広く横に開く。両手の手のひらを上にし、頭の高さに肘を伸ばして挙げる。
② 右手にやりを持ち、やりをこめかみにくっつける。

③投げの際に左肩が開きにくいよう、左手のひらを背中側に向ける。
④右股関節を曲げる。からだが右に傾き、からだの左体側を左足から頭まで一直線にする。左足つま先で地面に軽く触れ、左足裏を投てき方向に向ける。右足首、右膝、頭を地面から垂直に一直線にする。

やりの角度は④の姿勢で股関節が曲がることによって生じる。手や腕でつけるのではない。②で両脚が伸びている時には、地面とやり、両手を結んだ線、両肩、両腰は平行である。

やり投げのパワーポジションが確認できたら（図23）、実際のやり投げのようにやりを構える（図24）。

右脚（投げ腕側）を引いて、図24 Bのように構える。

左脚を前に出すと、左膝も曲がりやすく、図24 Aのように「頭が前に突っ込む」姿勢になってしまうことが多い。

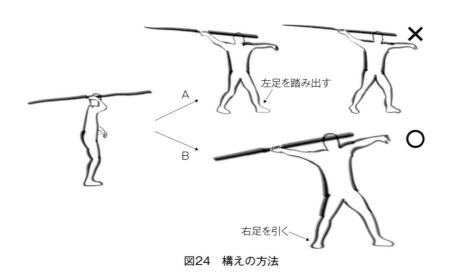

図24　構えの方法

3）立ち投げでやりを前方にまっすぐ投げる学習

実践3──的当てゲーム

立ち投げの的当てゲームである。的として段ボール箱を用いる。やりが真っ直ぐに飛び、的に刺さる心地よさを体感する。

グループが多くなる、または実施場所が狭くグループ間の距離がとれない場合、図25のように投てき位置を円形にすると、的（段ボール箱）が放射状に離れ、事故の可能性が低くなる。

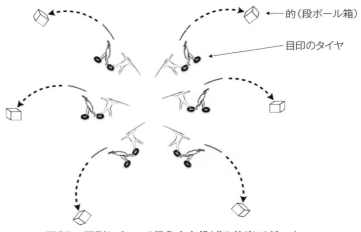

図25　円形になって行う立ち投げの的当てゲーム

投げる人は、目印としておかれた自転車タイヤ等の中に左足を入れる。

図24Bのように右脚を引いてパワーポジションに構える。右足つま先を中心にして右かかとを回し、同時に左足のつま先を投てき方向に向けて、左脚を伸ばしながら左足裏全体で接地する。そして、からだを投てき方向に向けてやりを放つ。

的となる段ボール箱が近くにあると、的に向かって矢のようにやりを投げたくなる。しかし、やり投げは遠くに飛ばす種目であり、どれだけ近くの的でも、やりが放物線を描いて飛んでいくようにトライする。やりのグリップが放物線を描くイメージで投げることが重要になる。

［ゲームのルール］

段ボール箱に刺されば3点。誰もやりが段ボール箱に刺さらなければ、最も段ボール箱の近くに刺さった人に1点が与えられる。

10点マッチにし、①誰かが10点を取ったら全員の点数を0点に戻してゲームを再開する。または、②時間制でゲームを実施し、10分後の得点で順位を決める。

ゲーム終了後、点数の似通った学習者同士でグループを作り直し、レベル別に的当てを行う。

的となる段ボール箱を置く距離は、グループごとに自由に変えられる。また、得点の低いグループには大きな段ボール箱を準備するなど、的に刺さる機会が増えるよう工夫する。

安全管理上、グループごとに全員が投げたらやりを取りに行く。

実践4──やりの飛び方・落ち方と投動作の関係を理解する

学習者同士でやりの飛び方や落ち方を観察し、やり投げ動作との関係を考えて、投動作の誤りがわかるようにする。その過程で、動きをみずから修正できるように導く。下記に、投動作の誤りとして、いくつかの要因をあげておくが、実際には、これらの要因が複合している場合も多い。

図26 A　やりが右から左に巻いて飛んだ場合
・やりを放つ前にやりが頭から右に離れている（図27①）。
・体幹をひねりすぎてやりが的よりも右に向いている（図27②）。

図26 B　やりが左から右に巻いて飛んだ場合
・グリップを持つ手がやり先よりも左側を通って動いている。

図26 C　やりが天からまっすぐ落ちてきたように刺さる場合
・やりを放つ前にやりが頭より上に向いている

図28　やりが刺さらなかった場合
・投てき中の右肘が低く、右肘を下（地面の方向）に曲げながらやりを投げている
・やりを頭の真上くらいではなく、からだよりも前で放ち過ぎている

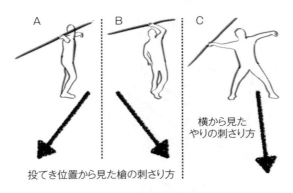

図26　やりの刺さり方と間違い動作

図27　やりの構え

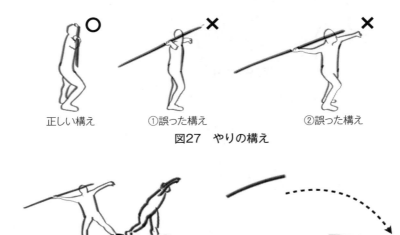

図28　肘が下がり、やりを下に引っ張って投げた時のやりの飛行

4）短い助走からやりを投げる

　やり投げは、投てき方向に助走することで得られたエネルギーを、助走を急に止めることでやりへと伝え、より遠くにやりを投げる種目である。やり投げの飛距離には、その初速が最も大きな影響を及ぼすが、その初速を高めるために、電車の急ブレーキでからだが前に放り出されるのと同じ原理を利用する。したがって、できるだけ速い助走を行い、その最後の左脚をブレーキ脚として助走速度を急激に減速しながら投げる技術が必要となる（図29）。

図29　やりの助走と投げ

実践5──やりの助走練習①正面向き（図30）

　急な加速や減速をしないよう、リズムよく水平方向に身体重心を進めるよう助走を行う。

① 自転車のタイヤ等を下の図のように並べ、最後から3つめと2つめの間隔は、タイヤ1つ分以上空ける。最後の5歩はクロスステップと呼ばれ、助走速度を維持しながら投げ動作の準備を行う局面となる。

② 右投げの人は、1つめのタイヤを左足から入り、左足から2個＋5個のタイヤを「いち、に、いち、に、さーーーん、し、ご」というテンポで正面を向いて行う。

③ 最後の「し、ご」で図のように停まる。頭の位置は右足の上、左足から頭までを一直線にする。

　注意点として、「さーーーん、し、ご」のあいだを、上に跳ばず、身体重心が上下動しないようにする。上下動すると、せっかく得た投てき方向への助走速度を分散させてしまう。前方に目印を決め、その目印を見ながら、上下に動かないようにするとよい。

　また、最後の「し、ご」は、できるだけ同時に着地する。

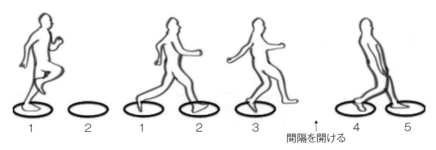

図30　やり投げの助走練習：正面向き

実践6──やりの助走練習②飛行機（図31）

図30の練習を、飛行機の翼のように、左右の腕を外に広げて行う。

図31　やりの助走練習：飛行機

　「いち、に」は前方に向いて走り、次の「いち」でからだを90度右にひねる。そして、そのまま「に、さーーーん、し、ご」と動く。この時、右足は必ず左足の前を通る。「ご」の姿勢は図30の4と5が横を向いただけである。「ご」で右足の上に頭があり、左足から頭までを一直線にする。この姿勢はパワーポジションである。

　「さーーーん、し、ご」と上下動なく水平に移動し、「し、ご」をできるだけ同時に着地する。

実践7──やりの助走練習③やりを持つ（図32）

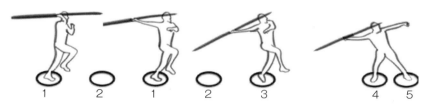

図32　やりの助走練習：やりを持つ

- やりを右肩の上に担いで「いち、に」と走り、次の「いち」で左腕を前に出すのと同時に右腕でやりを引き、90度からだをひねった姿勢にする。そのまま、「に、さーーん、し、ご」と動く。この姿勢は、図31の飛行機の翼となった右手のひらを上に向けてやりが乗っている状態、左手を背中の方にひねって左肩が開かない状態となる。
- 「さーーん、し、ご」は上下動せず水平に進み、「し、ご」はほぼ同時に着地する。
- パワーポジションは、右股関節を曲げ、右足の上に頭があり、左足から頭までが一直線となる。このポジションでは、両手を結んだ線が両肩を結んだ線と平行になり、右手（グリップ）は頭の高さに位置する。やり先はこめかみあたりにくっつける（図23と図24を参照）。
- 「ご」で止まり、左足つま先を2回ほど地面から浮かしてパワーポジションを確認したあと、投げる。左足つま先が地面から浮けば、体重が右脚に乗っている、すなわち頭が投てき方向に突っ込んでいない正しいパワーポジションになっていることを確認できる。
- 投げ終わったとき、頭は両足の中央付近にあり、どちらの足も地面に着いているようにする。この2つができていれば、前後左右ともにバランスよく投げられたことになる。
- パワーポジションがしっかりとできるようになれば、「ご」の着地と同時に投げるようにする。
- タイヤなしで同じ動作にトライする。タイヤなしでうまくできなければ、もう一度タイヤを使ってトライし、タイヤなしでできるよう、繰り返し練習する。

5）やり以外で、やり投げ動作を学習する

　やり投げは学習者が興味をもちやすい教材といえるが、やりは費用的に購入しやすいとは言えない。また、授業で実施するには危険も伴うため、以下のようなやり以外の教材を用いることも視野に入れたい。

実践8――やり以外での練習

ターボジャブ、竹製の棒、ヴォーテックスフットボールなどが活用できる。

竹製の棒の場合――走り高跳びの竹バーを適当な長さに切り分けて用いる。慣性モーメント（回転しにくさ）の大きさから、長いものは短いものに比べて安定した飛行を得やすく、短いものは安定した飛行を得にくい。初心者には長めに切り分けた竹バーを、投げ方をより高いレベルで学習したければ短めに切り分けた竹バーを用いるとよい。

ヴォーテックスフットボールの場合――材質が比較的柔らかいため、屋内外を問わず使用できる。サイドに空気穴が付いているので、投げると音も出て、楽しんで投げられる。

（2）やり投げ競争と記録測定

1）公式ルール

やり投げ競争は図33に示したピットで行う。ピット内にやり先から落ちたと判定されれば、成功試技となる。やりの落下地点をその横から目視・確認し、投てき者が投げるごとにメジャーなどで測定する。測定は、やり先の落下地点のスターティングラインに最も近い痕跡にメジャーの0（ゼロ）をおき、やり投げ助走路スターティングラインから8mにある中央ピンまでメジャーを引いて、スターティングラインの助走路側までの距離を測る。この計測方法によって、やりの落下が左右にばらついても公平に測定することができる。

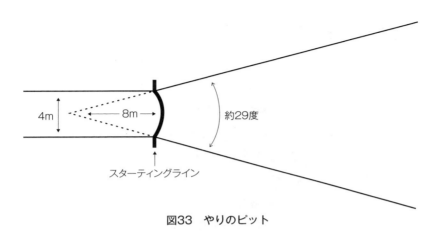

図33　やりのピット

2）学習者の人数が多い場合の記録測定

　基本的には、砲丸投げと同様の記録測定を行う。ただし、やり投げの場合、より広大なピットが必要で、より広範囲にやりが飛んでくる可能性があるため、安全性の面からも複数人が同時にやりを投げるわけにはいかない。したがって、グループを作り、メンバーが投げている時には、そのやりの飛び方・落ち方と投動作の関係をチェックしながら投げる順番を待つなどの工夫が必要となる。

5　評価

　学習指導要領に記載されているように「心と体を一体としてとらえる」ならば、「わかる」ことと「できる」ことは一体である。「できる」ことを目指し、「わかる」と「できる」を評価する。

1）砲丸投げの学習評価

「できる」ことの評価
① 投てき記録の評価（絶対評価）。
② 椅子に座り腕だけの突き出し→体幹のひねりを使った突き出し→脚を使った突き出し→脚と体幹のひねりを使った突き出しの順に記録がよくなっているか（個人内評価）。
③ パワーポジションからの砲丸投げと、サイドステップやクロスステップ、そしてオブライエン投法からの砲丸投げとの記録差から、準備動作が有効に利用できているか（個人内評価）。
④ 安全確認のために声を出し、記録測定の際に復唱をするなど、他の学習者とコミュニケーションがとれているか（絶対評価）。

「わかる」ことの評価
学習ノートなどを用いて、以下のことを理解しているか確認する。
① 「突く」動作の学習で、「ボール〜手首〜前腕〜肘」が投てき方向に常に一直線に位置しているか。
② パワーポジションの習得で頭が前に移動してしまっていないか。
③ 壁への突き出しでリリースした手の位置にボールが返ってきているか。
④ パワーポジションの確認でボールが足に落ちていないか（図12）。
⑤ 記録の優れた人とそうでない人の体力的および動きの相違が観察できているか。
⑥ 砲丸を「投げた」場合と、「突き出し」た場合の感覚の違いを自覚できているか。

2）やり投げの学習評価

「できる」ことの評価
① 投てき記録の評価（絶対評価）。
② やりが投てき位置からまっすぐ飛び、的に刺さるようになっているか（個人内評価）。
③ 立ち投げと比較し、短い助走からのやり投げの記録が伸びているか（個人内評価）。
④ 安全確認のために声を出し、記録測定の際に復唱をするなど、他の学習者とコミュニケーションがとれているか（絶対評価）。

「わかる」ことの評価
学習ノートなどを用いて、以下のことを確認する。
① 立ち投げのリリース後、頭は両足の中央付近にあるか。
② 立ち投げのリリース後、どちらの足も地面に着いているか。
③ パワーポジションでやりがこめかみにくっついているか。
④ パワーポジションで右股関節を曲げ、右足の上に頭があり、左足から頭まで一直線となっているか。
⑤ パワーポジションで、両手を結んだ線は両肩を結んだ線と平行で、かつ、右手（グリップ）は頭の高さに位置しているか。
⑥ 助走の「さ～～ん、し、ご」は上下動せずに進めているか。
⑦ 助走の「し、ご」はほぼ同時に着地できているか。
⑧ 絶対的記録の優れた人とそうでない人の、体力および動きの相違が観察できているか。
⑨ やりを前方にまっすぐ投げられた場合と、そうでない場合の感覚の違いが自覚できているか。

Ⅲ
学習の評価

学習の評価

1　評価の目的と方法

　学習の評価は、①その学習において設定した最終的な目標にどの程度到達したのかを判断すると同時に、②その目標に到達する過程で設定される、各段階の課題への達成度に対してなされなければならない。

　そのため、学習の最初には、目標に対する学習者の経験・知識・技能・意欲などを指導者が知り、学習者が自分自身の能力を確認するための「試しの競技」、すなわち「診断的評価」が行われる。

　指導者はこの診断的評価に基づき、学習前に設定した内容を、より学習者に合わせた学習内容へと修正する。その後、学習過程の各段階に応じて設定した課題の達成度の評価を、順次行っていく。

　この評価を、「学習内容の習得がどの程度形作られたか」という意味で、「形成的評価」と呼ぶ。その特色は以下の通りである。

　　①個々の学習者に結果をフィードバックし、各段階での個々の目標達成
　　　状況と課題を理解させ、その後の学習過程を修正させる。
　　②指導者は、各段階で設定した目標に対する学習効果を確認し、最終的
　　　な目標達成に向けたその後の課題修正や、工夫した場づくりの修正を
　　　行う。

　つまりこの評価法は、指導者の学習指導過程をつねに修正し、最適なものに

していく働きももつ。各段階での形成的評価と、それにともなう修正が繰り返しなされ、最終的な目標にどれだけ到達したかという最終結果が、学習全体の評価すなわち「総括的評価」となる（図1）。

　学習者にとっての総括的評価とは、学習過程の中での努力や取り組みにより、どの程度目標に近づけたかになる。指導者にとっては、学習過程の各段階における達成度などをもとに、どのくらい効果的な修正や場づくりができたか、どのくらい学習者を目標に近づけることができたかが評価となる。したがって、評価は、学習過程と別に行われるものではなく、学習後の「結果」だけを評価するものでもない。

　しかし現状では、「競技スポーツ」と同じように、運動の「結果」だけで評価が行われることが少なくない。個々の運動能力は生得的な影響によるところが大きい。単に「速い／遅い」「上手／下手」という結果、すなわち学習者間の能力差を評価するだけでは、その学習過程での取り組みや個々の能力向上が除外されて、能力の優劣だけの評価になってしまう。それでは、運動能力の高い学習者にはつねに高い評価が与えられ、「できさえすればよい」という慢心を生む可能性が高く、運動能力の低い学習者には「できない」という劣等感や学習意欲の低下を生み出す可能性が高い。それは「運動は嫌い、やりたくない」といった、運動嫌いの児童・生徒を生み出すことにもつながっていく。

　したがって、個々の持つ能力の中で、学習目標に対してどのような取り組みをし、どのくらい向上できたかを中心に据え、各々の学習者がその学習過程に肯定的な充実感を覚えることができる評価が必要である。

2　評価におけるフィードフォワードとフィードバック

　学習の前に、指導者は、教材研究や過去の経験をもとに、目標を効率よく達成できるような学習過程を設定する。そして、その過程の各段階での課題達成度を評価し、その評価に基づいて、続く学習過程をより望ましい方向へと修正

第III部　学習の評価

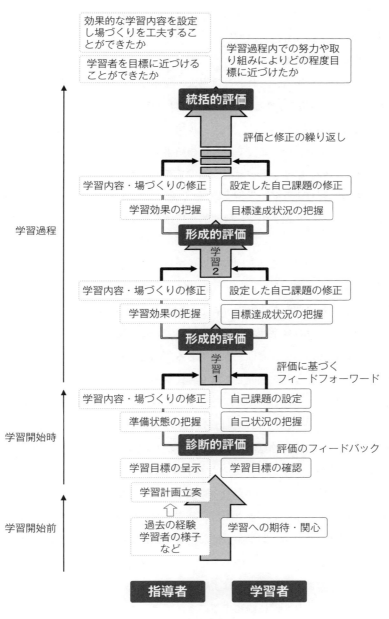

図1　学習の評価方法

する作業をつねに行っていかなければならない。このような評価方法は、身体運動の際に神経系が行っている、「フィードフォワード」、「フィードバック」の機能とよく似ている。

　身体運動を行う場合、われわれは過去の経験などに基づき、事前にその運動目的を効率よく達成できる作業をプレプログラムし、遅延なく作業を実行する。これは身体を適切にコントロールするための事前準備であるフィードフォワード機能といえる。一方、その結果を、続くあるいは次の運動時に生かそうとするのがフィードバック機能である。評価もまた、身体をコントロールする機能と同じように、学習実施 → 評価 → 修正 → 学習実施 → 評価 → 修正 → ……を繰り返す中で、最終的な目標を効果的に達成しようとする手段である。

　このような評価による学習内容の修正を行うためには、学習者の「なぜ上手くできないのか」「なぜ上手くいったのか」といった運動感覚的な捉えを、指導者が共感する必要がある。指導者と学習者の運動感覚は異なるため、運動感覚を共感できなければ学習者が「つまずいている」原因を理解することはできない。そのためにも指導者は、課題である運動をみずから経験し、それに必要な運動感覚やコツなどを把握しておく必要がある。

　学習者もまた、指導者や仲間が与えてくれる、外から見た外的情報に基づくフィードバックを生かすため、自分自身の「上手くいった」「上手くいかなかった」といった運動感覚的な情報をしっかり意識し、指導者や仲間からの情報と融合させる必要がある。そのため指導者は、「〜が良くなった」などのポジティブな声かけによって学習者の動機づけを強化するとともに、学習者自身が運動感覚的なフィードバックを行いやすくするため、学習者の運動感覚に共感した「運動のコツ」を運動感覚的な言葉で伝えていくことが重要になる。学習者はその評価をもとに、その後予定していた学習過程を適宜修正し、どのようなことにどのように取り組めばよいのかといった、フィードフォワード的な取り組みを、より明確に決定することができる。

　なお、課題達成に対する評価が低い場合でも、「上手じゃないね」といった

ネガティブな言葉を使うことは避けなければならない。このような伝達は、悪い評価のみを伝えることとなり、学習意欲の低下や劣等感を抱かせる原因となる。言葉かけは必ずポジティブに、例えば、「今は〜が上手くいっていないけれど、〜を直すと上手くいくと思うよ」など、良い方向につながる言葉かけをする必要がある。

3 絶対評価、個人内評価、相対評価の組み合わせ

　学習内容の習得がどの程度形作られたかという形成的評価は、主に絶対評価と個人内評価の複合評価が中心となる。絶対評価は、設定された目標を評価基準とし、個々の学習者がどれだけその目標に近づいているかを評価する方法である（図2）。

　器械運動などでは、技の系統性が明確なため、最終的な目標となる技の段階ごとの目標設定を明確にすることができ、この評価方法によるフィードバックは非常に有益となる。陸上競技においても、ハードル走や投てき種目では、目標とする技術に対して、各発達段階で必要とされる技術がはっきりしており、絶対評価はその達成度に対して有益に働く。ただし、日常的に行われる動きが基礎となり、かつその結果に体力的要因が非常に大きな影響を及ぼす短距離走などでは、その評価基準の設定が明確にできない可能性がある。それゆえ、指導者は、しっかりとした教材研究をし、その運動のポイントを「わかっている」上で、診断的評価によって把握した学習者の状況から、何を最終目標とし、そこに到達するまでの各段階で何を目標とするかを明確にする必要がある。

　一方、個人内評価とは、学習者が、学習の過程でみずからの能力をどれだけ伸ばすことができたかという個人内の伸び率を評価するものである。学習者のもつ能力は個々で異なり、学習者全体で設定したある目標値への到達度をみる絶対評価だけでは、もともと能力が高く、目標到達に容易な学習者だけが高く

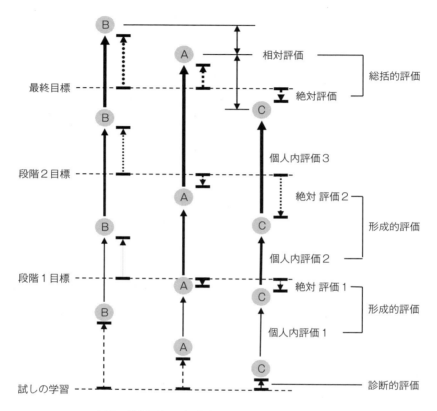

図2 絶対評価、個人内評価、相対評価の関係図

総括的評価は、最終目標に対する絶対評価、全体としての個人内評価（1＋2＋3）および相対評価の複合評価となる。学習過程内における絶対評価および個人内評価は、学習過程においては形成的評価として、続く段階での事前に設定した目標を修正する手段ともなる。

評価されてしまうことになりかねない。それゆえ、学習開始時における準備状況から、学習者がどれだけ能力を伸ばし得たかを指導者が評価するとともに、学習者もみずからの伸びを評価し、続く課題設定につなげることが重要になる。それは、学習者の動機づけを強め、「もっとがんばろう」「どうしたらもっと上手にできるか」という気持ちを高めることにもつながっていく。

　最終的にどの程度目標に近づけたかという総括的評価は、絶対評価と個人内評価の複合評価に、相対的評価を加味したものとなる。相対的評価は、学習者全体の中で、学習目的の達成状況を他人と比較して順位付けする評価方法である。陸上競技などでの相対評価は、生得的な影響や発育発達の違いによって大きく影響されるため、学習の達成度や、個人個人の伸び率を評価することが難しいとともに、その評価順位が大きく変わらないといった欠点をもつ。ただし、どのような競技であれ、「競う」という要素がその運動に含まれる以上、この相対的な評価を避けるわけにはいかない。それゆえ、総括的評価には、この相対的評価も加味する必要性が生じる。

　問題は、学習者にこの相対的評価の意味をどのように理解させるかである。「速い者は良い」「上手な者は良い」「遅い者はだめだ」「下手な者はだめだ」といった評価は、学習する意欲を低下させてしまう。「速いこと」「上手いこと」も重要ではあるが、指導者は、個々の学習者に、努力や工夫によってどれだけ自分の能力を伸ばし、どれだけ学習目標に近づけたかが重要であることを伝え、学習者もそれを理解することが重要である。

資料

中学校学習指導要領（平成20年3月　文部科学省）

保健体育－体育分野

〔第1学年及び第2学年〕

1　目標

(1) 運動の合理的な実践を通して、運動の楽しさや喜びを味わうことができるようにするとともに、知識や技能を身に付け、運動を豊かに実践することができるようにする。

(2) 運動を適切に行うことによって、体力を高め、心身の調和的発達を図る。

(3) 運動における競争や協同の経験を通して、公正に取り組む、互いに協力する、自己の役割を果たすなどの意欲を育てるとともに、健康・安全に留意し、自己の最善を尽くして運動をする態度を育てる。

2　内容　── C　陸上競技

(1) 次の運動について、記録の向上や競争の楽しさや喜びを味わい、基本的な動きや効率のよい動きを身に付けることができるようにする。

　ア　短距離走・リレーでは、滑らかな動きで速く走ること、長距離走では、ペースを守り一定の距離を走ること、ハードル走では、リズミカルな走りから滑らかにハードルを越すこと。

　イ　走り幅跳びでは、スピードに乗った助走から素早く踏み切って跳ぶこと、走り高跳びでは、リズミカルな助走から力強く踏み切って大きな動作で跳ぶこと。

(2) 陸上競技に積極的に取り組むとともに、勝敗などを認め、ルールやマナーを守ろうとすること、分担した役割を果たそうとすることなどや、健康・安全に気を配ることができるようにする。

(3) 陸上競技の特性や成り立ち、技術の名称や行い方、関連して高まる体力などを理解し、課題に応じた運動の取り組み方を工夫できるようにする。

〔第3学年〕

1 目標

(1) 運動の合理的な実践を通して、運動の楽しさや喜びを味わうとともに、知識や技能を高め、生涯にわたって運動を豊かに実践することができるようにする。

(2) 運動を適切に行うことによって、自己の状況に応じて体力の向上を図る能力を育て、心身の調和的発達を図る。

(3) 運動における競争や協同の経験を通して、公正に取り組む、互いに協力する、自己の責任を果たす、参画するなどの意欲を育てるとともに、健康・安全を確保して、生涯にわたって運動に親しむ態度を育てる。

2 内容 ── C 陸上競技

(1) 次の運動について、記録の向上や競争の楽しさや喜びを味わい、各種目特有の技能を身に付けることができるようにする。

　ア 短距離走・リレーでは、中間走へのつなぎを滑らかにするなどして速く走ること、長距離走では、自己に適したペースを維持して走ること、ハードル走では、スピードを維持した走りからハードルを低く越すこと。

　イ 走り幅跳びでは、スピードに乗った助走から力強く踏み切って跳ぶこと、走り高跳びでは、リズミカルな助走から力強く踏み切り滑らかな空間動作で跳ぶこと。(以下、各種目の内容についての詳細は省略。本書第Ⅱ部の各章を参照してください)

(2) 陸上競技に自主的に取り組むとともに、勝敗などを冷静に受け止め、ルールやマナーを大切にしようとすること、自己の責任を果たそうとすることなどや、健康・安全を確保することができるようにする。

(3) 技術の名称や行い方、体力の高め方、運動観察の方法などを理解し、自己の課題に応じた運動の取り組み方を工夫できるようにする。

高等学校学習指導要領解説 (平成23年1月18日更新　文部科学省)
保健体育－体育分野

目標

体育の目標は、保健体育科の目標を受け、これを「体育」としての立場から具体化したものであり、小学校、中学校及び高等学校12年間の一貫性を踏まえるとともに、特に中学校第3学年との接続を重視し、高等学校における体育の学習指導の方向を示したものである。

> 運動の合理的、計画的な実践を通して、知識を深めるとともに技能を高め、運動の楽しさや喜びを深く味わうことができるようにし、自己の状況に応じて体力の向上を図る能力を育て、公正、協力、責任、参画などに対する意欲を高め、健康・安全を確保して、生涯にわたって豊かなスポーツライフを継続する資質や能力を育てる。

この目標は、義務教育を基礎とした高等学校段階において、学習者が運動の合理的かつ計画的な実践を通して、これまで学習した知識を深め、技能を高めることで、運動の楽しさや喜びを深く味わうことが体育の重要なねらいであることを示した上で、現在及び将来の自己の状況に応じて体力の向上及び健康の保持増進を図るとともに、社会的態度や愛好的態度をもつことによって、卒業後に少なくとも1つの運動が継続できるようにし、生涯にわたって豊かなスポーツライフの実現を図ることを目指しているものである。

「運動の合理的、計画的な実践」とは、発達の段階や運動の特性や魅力に応じて、技術の名称や行い方、運動にかかわる一般原則や運動に伴う事故の防止等などを科学的に理解した上で合理的に運動を実践するとともに、計画を立て、実践し、評価するといった課題解決の方法などを活用して計画的に運動を

実践することを意味している。
　「知識を深めるとともに技能を高め」とは、中学校までの学習を踏まえ、身に付けた知識を深めるとともに技能を高めることを示している。その際、単に運動に必要な知識や技能を身に付けるだけでなく、知識と技能を関連させて学習することが大切である。
　「運動の楽しさや喜びを深く味わう」とは、技能を高めたり、作戦を立てたり、作品をまとめたりするなどの過程を通して、仲間と適切な関係を築き、課題の解決を目指して取り組むことにより、一過性の楽しさにとどまらず、その運動のもつ特性や魅力に深く触れることを示している。このことは、中学校第1学年及び第2学年のそれぞれの運動が有する特性や魅力に応じて、運動を楽しんだり、その運動のもつ特性や魅力に触れたりすることが大切であることを示した「喜びを味わうことができるようにする」としたこと、中学校第3学年の個々の能力に応じて、運動の楽しさや喜びを味わうことが大切であることを示した「運動の楽しさや喜びを味わう」ことを発展させたものである。
　「自己の状況に応じて体力の向上を図る能力を育て」とは、興味、関心、能力、運動習慣等の個人差を踏まえ、運動に積極的に取り組む者とそうでない者、それぞれに応じて体力の向上を図る能力を育てることの大切さを示したものである。高等学校修了段階においては、体力の向上を図る能力として、目的に適した運動の計画や自己の体力や生活に応じた運動の計画を立て取り組むことができるようにすること、運動に関連して高まる体力やその高め方を理解しておくことが大切である。
　「公正、協力、責任、参画などに対する意欲を高め」とは、各運動に関する領域の学習を通して学習者に身に付けさせたい情意面の目標を示したものである。
　公正に関しては、勝敗などを冷静に受け止め、ルールやマナーを大切にしようとするなどの意志をもち、公正に取り組もうとする意欲を高めることである。
　協力に関しては、仲間との体力などの違いに配慮したり、仲間と助け合った

り教え合ったりしたりするなどの仲間と主体的にかかわり合おうとする意志をもち、協力しようとする意欲を高めることである。

責任に関しては、練習や試合、発表会などを主体的に進める上で、役割を積極的に引き受け、仲間と合意した役割に責任をもって取り組もうとする意志をもち、自己の責任を果たそうとする意欲を高めることである。

参画に関しては、グループの課題などの話合いなどで、自らの意志を伝えたり、仲間の意見を聞き入れたりすることを通して、仲間の感情に配慮して合意形成を図ろうとするなどの意志をもち、チームやグループの意思決定などに参画しようとする意欲を高めることである。

「健康・安全を確保して」とは、主体的に取り組む生涯スポーツの実践場面を想定して、体調に応じて運動量を調整したり、仲間や相手の技能・体力の程度に配慮したり、用具や場の安全を確認するなどして、自分や仲間のけがを小限にとどめることや事故の危険性を未然に回避することなど、自ら健康・安全を確保できるようにする態度の育成が重要であることを示したものである。

「生涯にわたって豊かなスポーツライフを継続する資質や能力を育てる」とは、体育を通して培う包括的な目標を示したものである。体育では、体を動かすことが、情緒面や知的な発達を促し、集団的活動や身体表現などを通じてコミュニケーション能力を育成することや、筋道を立てて練習や作戦を考え、改善の方法などを互いに話し合う活動などを通じて論理的思考力をはぐくむことにも資するものである。この資質や能力とは、それぞれの運動が有する特性や魅力に応じて、その楽しさや喜びを深く味わおうとする主体的な態度、公正に取り組む、互いに協力する、自己の責任を果たす、参画するなどの意欲や健康・安全への態度、運動を合理的・計画的に実践するための運動の技能や知識、それらを運動実践に活用するなどの思考力、判断力などを指している。

これらの資質や能力を育てるためには、運動の楽しさや喜びを深く味わえるよう義務教育段階で培った基礎的な運動の技能や知識を学習者の状況に応じて伸長させるとともに、それらを活用して、自らの運動課題を解決するなどの学習をバランスよく行うことが重要である。特に、運動に対する愛好的な態度の

育成については、中学校第1学年及び第2学年での「運動の楽しさや喜びを味わい、積極的に取り組めるようにする」、中学校第3学年での「運動の楽しさや喜びを味わい、自主的に取り組めるようにする」といったねらいを受けて、高等学校においては、「運動の楽しさや喜びを深く味わい、主体的に取り組めるようにする」といった段階であることを踏まえ、学習に対する主体的な取り組みを促すことによって、学校の教育活動全体に運動を積極的に取り入れ、卒業後においても、実生活、実社会の中などで継続的なスポーツライフを営むことができるようにすることを目指したものである。

内 容 ― C 陸上競技

　陸上競技は、「走る」「跳ぶ」「投げる」などの運動で構成され、記録に挑戦したり、相手と競争したりする楽しさや喜びを味わうことのできる運動である。

　中学校では、陸上競技に求められる基本的な動きや効率のよい動きを発展させて、各種目特有の技能を身に付けることができるようにすることをねらいとして、第1学年及び第2学年は、「基本的な動きや効率のよい動きを身に付けること」を、第3学年は、「各種目特有の技能を身に付ける」ことを学習している。

　高等学校では、これまでの学習を踏まえて、「各種目特有の技能を高めること」ができるようにすることが求められる。

　したがって、記録の向上や競争の楽しさや喜びを深く味わい、陸上競技の学習に主体的に取り組み、ルールやマナーを大切にすることや、役割を積極的に引き受け自己の責任を果たすことなどに意欲をもち、健康や安全を確保するとともに、技術の名称や行い方、課題解決の方法などを理解し、自己や仲間の課題に応じた運動を継続するための取り組み方を工夫できるようにすることが大切である。

　なお、中学校第3学年との接続を踏まえ、入学年次においては、これまで

の学習の定着を確実に図ることが求められることから、入学年次とその次の年次以降に分けて、学習のねらいを段階的に示している。

1 技能

> (1) 次の運動について、記録の向上や競争の楽しさや喜びを味わい、各種目特有の技能を高めることができるようにする。
>
>   ア　競走
>
>   短距離走・リレーでは、中間走の高いスピードを維持して速く走ること、長距離走では、ペースの変化に対応するなどして走ること、ハードル走では、スピードを維持した走りからハードルを低くリズミカルに越すこと。
>
>   イ　跳躍
>
>   走り幅跳びでは、スピードに乗った助走と力強い踏み切りから着地までの動きを滑らかにして跳ぶこと、走り高跳びでは、スピードのあるリズミカルな助走から力強く踏み切り、滑らかな空間動作で跳ぶこと、三段跳びでは、短い助走からリズミカルに連続して跳ぶこと。
>
>   ウ　投てき
>
>   砲丸投げでは、立ち投げなどから砲丸を突き出して投げること、やり投げでは、短い助走からやりを前方にまっすぐ投げること。

陸上競技は、競走としての短距離走・リレー、長距離走及びハードル走、跳躍としての走り幅跳び、走り高跳び及び三段跳び、投てきとしての砲丸投げ及びやり投げを示している。（以下、各種目の内容についての詳細は省略。本書第Ⅱ部の各章を参照してください）

2　態度

> (2) 陸上競技に主体的に取り組むとともに、勝敗などを冷静に受け止め、ルールやマナーを大切にしようとすること、役割を積極的に引き受け自己の責任を果たそうとすること、合意形成に貢献しようとすることなどや、健康・安全を確保することができるようにする。

　入学年次では、記録の向上や競争の楽しさや喜びを味わい、各種目特有の技能を身に付けることに自主的に取り組めるようにする。また、その次の年次以降では、記録の向上や競争の楽しさや喜びを一層深く味わい、各種目特有の技能を身に付け、その技能を高めることに主体的に取り組めるようにする。

　「勝敗などを冷静に受け止め」とは、主体的な学習の段階では、勝敗や個人の記録を、学習に取り組んできた過程と関連付けて、仲間や競争相手に責任を転嫁しないで、その結果を肯定的に受け止めようとすることを示している。また、「ルールやマナーを大切にしようとする」とは、決められたルールやマナーを単に守るだけではなく、自らの意志で大切にしようとすることを示している。そのため、入学年次には、勝敗の結果から自己の課題を見付け、新たな課題追求につなげることが大切であること、ルールやマナーを大切にすることは、友情を深めたり連帯感を高めたりするなど、生涯にわたって運動を継続するための重要な要素となることを、その次の年次以降には、ルールやマナーを大切にすることは、スポーツの価値を高めるとともに、自己形成に役立つことを理解し、取り組めるようにする。

　「役割を積極的に引き受け自己の責任を果たそうとする」とは、仲間との話合いで自らの役割を積極的に引き受け、練習や記録会及び競技会などで、責任をもって役割に主体的に取り組もうとすることが大切であることを示している。そのため、入学年次には、自己の責任を果たすことは、活動時間の確保につながることや自主的な学習が成立することを、その次の年次以降には、主体的な学習が成立するには、仲間と活動を行う上で必要な役割を作ること、決め

た役割に対して、責任をもって分担すること、グループで果たすべき責任が生じた場合には、積極的に引き受ける姿勢が求められることを理解し、取り組めるようにする。

「合意形成に貢献しようとする」とは、個人や学習グループの課題の解決に向けて、自己の考えを述べたり、相手の話を聞いたりするなど、グループの話合いに責任をもってかかわろうとすることを示している。そのため、相互の信頼関係を深めるためには、対立意見が出た場合でも、仲間を尊重し相手の感情に配慮しながら発言したり、提案者の発言に同意を示したりして話合いを進めることなどが大切であることを理解し、取り組めるようにする。

「〜など」の例には、互いに助け合い高め合おうとすることがある。これは、練習や記録会などを行う際、互いに補助し合ったり、運動観察を通して仲間の課題を指摘したり、課題解決のアイディアを伝え合ったりしながら取り組もうとすることを示している。そのため、入学年次には、互いに助け合い教え合うことは、安全を確保したり、課題の解決に役立つなど自主的な学習を行いやすくしたりすることを、その次の年次以降には、互いに助け合い高め合うことは、安全を確保し事故を未然に防ぐことや課題の解決に向けて自分で計画を立てて活動するなど主体的な学習を行いやすくすること、共通の目標に向けて共に切磋琢磨する仲間をもつことが、自らの運動の継続に有効であることなどを理解し、取り組めるようにする。

「健康・安全を確保する」とは、主体的な学習の段階では、体調や環境の変化に注意を払いながら運動を行うこと、けがを未然に防ぐために必要に応じて危険の予測をしながら回避行動をとるなど、自己や仲間の健康を維持したり安全を保持したりすることを示している。そのため、入学年次には、用具等の試技前の修正や確認、準備運動時の体の状態の確認や調整の仕方、けがを防止するための留意点などを、その次の年次以降には、体調の変化に応じてとるべき行動や、自己の体力の程度に応じてけがを回避するための適正な運動量、けがを未然に防ぐための留意点などを理解し、取り組めるようにする。

なお、これらの指導に際しては、主体的な学習に取り組めるよう、単元のは

じめに課題解決の方法を確認する、練習中や記録会及び競技会などの後に話合いをするなどの機会を設ける、学習ノートを活用するなどの工夫をするとともに、指導内容の精選を図ったり、話合いのテーマや学習の段階的な課題を明確にしたりするなどして、体を動かす機会を適切に確保することが大切である。

3　知識、思考・判断

> (3) 技術の名称や行い方、体力の高め方、課題解決の方法、競技会の仕方などを理解し、自己や仲間の課題に応じた運動を継続するための取り組み方を工夫できるようにする。

○知識

「技術の名称や行い方」では、局面ごとに技術の名称があること、それぞれの技術には、記録の向上につながる重要な動きのポイントがあること、それらを高めるための安全で合理的な練習の仕方があることを理解できるようにする。特に入学年次の次の年次以降では、選択する種目が一層個別となるため、自ら選んだ種目についての行い方やその高め方について理解を深められるようにする。

「体力の高め方」では、陸上競技のパフォーマンスは体力要素の中でも、短距離走では主として瞬発力などに、長距離走では主として全身持久力などに強く影響される。そのため、それぞれの種目に必要な体力を技能に関連させながら高めることが重要であることを理解できるようにする。

「課題解決の方法」では、自己に応じた目標の設定、目標を達成するための課題の設定、課題解決のための練習法などの選択と実践、記録会などを通した学習成果の確認、新たな目標の設定といった過程があることを理解できるようにする。例えば、走る、跳ぶ、投げるなどの動作を局面に分けて段階的に目標を設定し、その目標に適した具体的な課題を設定し、課題に適した練習に取り組み、運動観察や記録会、競技会などを通して学習の成果を確認し、さらに練習を重ねたり、練習方法を見直したりすることでその課題を解決し、新たに目

指すべき目標を設定したりするなどの課題解決のための道筋があることを理解できるようにする。

「競技会の仕方」では、競技会や記録会の競技のルール、運営の仕方や役割に応じた行動の仕方などを理解できるようにする。

「〜など」の例には、審判の方法がある。各競技の審判の仕方について理解できるようにする。

なお、指導に際しては、入学年次には、中学校第1学年及び第2学年で取り上げた「陸上競技の特性や成り立ち」、「技術の名称や行い方」、「関連して高まる体力」や、第3学年で取り上げた「技術の名称や行い方」、「体力の高め方」、「運動観察の方法」などについての理解が不十分な場合は、中学校学習指導要領解説で示した指導内容を改めて取り上げるなどの配慮をすることが大切である。

○思考・判断

「自己や仲間の課題に応じた運動を継続するための取り組み方を工夫」するとは、運動の行い方、仲間と教え合うなどの活動の仕方、健康・安全の確保の仕方、運動の継続の仕方などのこれまでの学習した内容をもとに、運動を継続するために、自己や仲間の課題に応じて、知識を新たな学習場面で適用したり、応用したりすることを示している。

入学年次においては、これまで学習した知識や技能を活用して、自己の課題に応じた運動の取り組み方を工夫することができるようにする。

その次の年次以降においては、卒業後に豊かなスポーツライフを継続できるようにするための視点を重視して、課題の設定の仕方や自己や仲間の課題に応じた練習計画の立て方や競技の仕方などの運動を継続するための取り組み方を工夫することができるようにする。

〈例示〉

入学年次

・自己の課題に応じた運動の行い方の改善すべきポイントを見付けること。
・自己の課題に応じて、適切な練習方法を選ぶこと。
・仲間に対して、技術的な課題や有効な練習方法の選択に関して指摘すること。
・健康や安全を確保するために、体調に応じて適切な練習方法を選ぶこと。
・陸上競技を継続して楽しむための自己に適したかかわり方を見付けること。

その次の年次以降

・これまでの学習を踏まえて、自己や仲間の挑戦する課題を設定すること。
・課題解決の過程を踏まえて、自己や仲間の課題を見直すこと。
・グループで活動する場面で、状況に応じた自己や仲間の役割を見付けること。
・練習や競技の場面で、自己や仲間の危険を回避するための活動の仕方を選ぶこと。
・陸上競技を生涯にわたって楽しむための自己に適したかかわり方を見付けること。

引用・参考文献

I 総論

ウィニック．J，小林芳文・永松裕希・七木田敦・宮原資英訳『子どもの発達と運動教育』大修館書店，1992年．
エプスタイン．D，福典之監修，川又政治訳『スポーツ遺伝子は勝者を決めるか？』早川書房，2014年．
金子明友監修，吉田茂・三木四郎編『教師のための運動学』大修館書店，2010年．
杉原隆『新版 運動指導の心理学』大修館書店，2009年．
関岡康雄編著『コーチと教師のためのスポーツ論』道和書院，2008年．
忠鉢信一『ケニア！ 彼らはなぜ速いのか』文藝春秋，2008年．
マイネル．K，金子明友訳『スポーツ運動学』大修館書店，1981年．
宮丸凱史『疾走能力の発達』杏林書院，2001年．
若原正己『黒人は足がなぜ速いのか——「走る遺伝子」の謎』新潮選書，2010年．

II 種目別 学習指導の方法

▶歩行運動

Margaria R, P.Cerretelli, P.Aghemo and G.Sassi. Energy cost of running. J.Appl.Physiol., 18:367-370, 1963.
清水茂幸「「陸上運動」の授業づくり」，『新しい小学校体育授業の展開 理論編2』ニチブン，2006年，99-105頁．

▶短距離走・リレー

Enoka R.M. Neuromechanics of Human Movement (4th Edition). Human Kinetics, 2008.
Nigg B.M. and Herzog W. Biomechanics of the Musculo-skeletal System (3rd Edition). Wiley, 2007.
Ogiso K. Stretch Reflex Modulation during Exercise and Fatigue. University of Jyvaskyla, 2003.
Winter D.A. Bilmechanics and motor control of movement(2nd Edition).

Wiley-Interscience publication, 1990.
阿江通良・藤井範久『スポーツバイオメカニクス20講』朝倉書店，2009年.
大築立志，鈴木三央，柳原大『歩行と走行の脳・神経科学――その基礎から応用まで』市村出版，2013年.
尾縣貢，関岡康雄，宮下憲，塩川光一郎『運動学』オーム社，2012年.
澤村博，澤木啓祐，尾縣貢，青山清英『コーチングマニュアル』陸上競技社，2004年.
佐々木秀幸・小林寛道・阿江通良監修『世界一流陸上競技者の技術』ベースボールマガジン社，1994年.
関岡康雄『陸上競技入門』ベースボール・マガジン社，1991年.
関岡康雄編著『陸上競技の方法』道和書院，1990年.
関岡康雄編著『陸上競技を科学する』道和書院，1999年.
関岡康雄編著『陸上運動の方法』道和書院，2001年.
宮下充正監修，小林寛道編著『走る科学』大修館書店，1990年.
宮丸凱史『疾走能力の発達』杏林書院，2001年.

▶ハードル走

池田延行，岩田靖，日野克博，細越淳二ほか「新しい走・跳・投の運動の授業づくり」，『体育科教育』別冊，大修館書店，2015年，30-35頁.
宮下憲『ハードル（最新陸上競技入門シリーズ）』ベースボールマガジン社，1991年，27-55頁.
谷川聡『陸上競技入門ブック ハードル』ベースボールマガジン社，2012年，15，97頁.
千葉弥生会『(楽しい体育の授業スペシャル版) 心と体を育てる体育授業上達セミナー5 障害走の習熟課程』明治書院，2000年，75-83頁.

▶長距離走

笹川スポーツ財団『スポーツライフ・データ2014：スポーツライフに関する調査報告書』，2014年
小野寺孝一，宮下充正「全身持久性運動における主観的強度と客観的強度の対応性：Rating of perceived exertion の観点から」，『体育学研究』21-4，1976年，191-203頁.
竹内隆謦，両角竜平「子どもの挑戦欲求をひきだすチャレンジペース走」，『体育科教育』2010年12月号，大修館書店，28-32頁.
吉野聡，菊池耕，足立真希「チームパシュート方式による長距離走の授業づくり」，『体育科教育』2010年12月号，大修館書店，42-45頁.

田口智洋「ペア学習による長距離走の実践」,『体育科教育』2010年12月号, 大修館書店, 38-41頁.
田中守, 勝田茂編著『運動生理学20講』より第15章「運動処方」, 朝倉書店, 1999年, 106-114頁.
吉澤茂弘『幼児の有酸素性能力の発達』杏林書院, 2002年, 17-23頁.

▶跳躍

池田延行・岩田靖・日野克博・細越淳二編著「新しい走・跳・投の運動の授業づくり」,『体育科教育』別冊26, 大修館書店, 2015年, 36-47, 92-99頁.
尾縣貢編著『これは簡単！陸上運動』学事出版, 1998年, 72-91, 134-157頁.
尾縣貢『ぐんぐん強くなる！陸上競技』ベースボール・マガジン社, 2013年, 99-140頁.
北尾倫彦監修, 山森光陽・鈴木秀幸全体編集, 佐藤豊・森良一編集『観点別学習状況の評価規準と判定基準』図書文化, 2014年.
関岡康雄編著『陸上競技の方法』道和書院, 1997年, 125-150頁.
文部科学省『小学校学習指導要領解説 体育編』東洋館出版社, 2015年, 29-30, 47-49, 69-71頁.
文部科学省『中学校学習指導要領解説 保健体育編』東洋館出版社, 2013年, 58-69頁.
文部科学省『高等学校学習指導要領解説 保健体育編・体育編』東洋館出版社, 2014年, 43-52頁.
山口政信「運動指導に活かす「言葉」の力」,『体育科教育』2009年11月号, 大修館書店, 10-13頁.
吉田孝久『陸上競技入門ブック 跳躍』ベースボール・マガジン社, 2011年.
吉川政夫「子どもの感覚に響く「オノマトペ」」,『体育科教育』2009年11月号, 大修館書店, 14-17頁.

▶投てき

Salomon H., Anlaufgestaltung beim Speerwurf, Leichtathletiktraining, 2+3, 1999, pp.37-39.
Bauersfeld K.-H. and Schöter G., Grundlagen der Leichtathletik, Sport Verlag, 1992, pp.298-299, p.310.
日本陸上競技連盟強化本部バイオメカニクス研究班編『世界一流競技者の技術』ベースボールマガジン社, 1994年, 225頁.
JAAF『陸上競技ルールブック〈2015年度版〉』, 244, 248, 250-251頁.
ローマン．W, 一条元美訳『走る・跳ぶ・投げる』あゆみ出版, 1980年, 107, 124頁.

著者紹介および執筆分担

小木曽一之（おぎそ・かずゆき）　[総論，短距離走・リレー，跳躍，評価]
皇學館大学教育学部教育学科教授．筑波大学大学院修士課程体育研究科コーチ学専攻（体育学修士），フィンランド・ユバスキュラ大学大学院（Ph.D）．日本オリンピック委員会強化スタッフフィットネスコーチ（1996～1999）．主な研究分野：応用生理学，バイオメカニクス，陸上競技．主な著書：『陸上競技を科学する』（共著）道和書院，1999．

清水茂幸（しみず・しげゆき）　[歩行運動]
岩手大学教育学部教授．岩手大学教育学部附属特別支援学校校長．筑波大学大学院修士課程体育研究科健康教育学専攻（体育学修士），日本オリンピック委員会強化スタッフ（2003～），日本陸上競技連盟強化委員会男女競歩オリンピック強化スタッフ・公認コーチ．主な研究分野：保健体育科教育，陸上競技．主な著書：『陸上競技を科学する』（共著）道和書院，1999．『男のパワーダイエット』（単著）小学館，2000．

串間敦郎（くしま・あつろう）　[ハードル走]
宮崎県立看護大学看護学部看護学科教授．筑波大学大学院修士課程体育研究科コーチ学専攻（体育学修士）．公益財団法人日本陸上競技連盟理事・公認コーチ・普及育成委員会委員（2009～2015），日本スプリント学会理事．主な研究分野：スポーツバイオメカニクス，体力学．主な著書：『陸上競技を科学する』（共著）道和書院，1999．『スプリント＆ハードル』（共著）陸上競技社，2012．『実践柔道整復学シリーズ　運動学』（共著）オーム社，2012．

得居雅人（とくい・まさと）　[長距離走]
九州共立大学スポーツ学部スポーツ学科教授．筑波大学大学院修士課程体育研究科コーチ学専攻（体育学修士），九州工業大学大学院生命体工学研究科生体機能専攻（博士（学術））．ランニング学会理事（2017～）．九州学生陸上競技連盟コーチ（2000～2011）．主な研究分野：運動生理学，ランニング学．主な著書：『コーチと教師のためのスポーツ論』（共著）道和書院，2004．

小倉幸雄（おぐら・ゆきお）　[跳躍]
大阪国際大学短期大学部幼児保育学科教授・課外教育センター長．筑波大学大学院修士課程体育研究科コーチ学専攻（体育学修士）．主な研究分野：コーチング，コンディショニング．日本スプリント学会常任理事・編集委員長，スポーツ言語学会理事．主な著書『これは簡単！陸上運動　走る・跳ぶ・投げる』（共著）学事出版，1998，『陸上競技を科学する』（共著）道和書院，1999，『スプリント＆ハードル』（共著）2012．

田附俊一（たづけ・しゅんいち）　[投てき]
同志社大学スポーツ健康科学部・大学院スポーツ健康科学研究科教授．筑波大学大学院修士課程体育研究科コーチ学専攻（体育学修士）．第3回（1991）世界陸上競技選手権バイオメカニクス研究班の一員としてやり投げを分析．ドイツ・マインツ大学の在外研究で「遊び」を柱にした陸上競技の多様な練習方法を研究．主な研究分野：スポーツ運動学，スポーツ教育学，陸上競技，Ballschule，身体や運動を介した教育．主な著書：『陸上競技を科学する』（共著）道和書院，1999．

〔中学・高校〕陸上競技の学習指導
「わかって・できる」指導の工夫

2017年5月12日　初版第1刷発行

編著者＝小木曽一之
著　者＝清水茂幸，串間敦郎，得居雅人，小倉幸雄，田附俊一
発行者＝鬼海高一
発行所＝道和書院
　　　　〒171-0042　東京都豊島区高松2-8-6
　　　　電話　　（03）3955-5175
　　　　FAX　　（03）3955-5102
　　　　振替　　00160-6-74884
　　　　http://www.douwashoin.com/
装　幀＝高木達樹
印　刷＝大盛印刷株式会社

ISBN 978-4-8105-2133-7 C2075　　Printed in Japan, Douwashoin
定価はカバー等に表示してあります

道和書院

陸上競技を科学する
関岡康雄（編著）／筑波大学陸上競技指導者研究会（編）
各種目を科学的に分析・解説し、そのコーチングと教育の在り方を探る。ジュニア競技者のコーチング、運動中の骨格筋の出力調節とストレッチングなど。　2800円

コーチと教師のためのスポーツ論〈改訂版〉
関岡康雄（編著）
川口鉄二、清水将、清水茂幸、上濱達也、坂井充、得居雅人（著）
スポーツとは何か、何をどのように指導するのか。目的と方法を明確に、コーチや教師の指導法を探る。スポーツ指導者養成制度に対応。　1905円

陸上競技の方法
関岡康雄（編著）
油野利博、永井純、有吉正博、和中信男、長沢光雄、菅沼史雄、尾縣貢（著）
陸上競技の技術・ルール・練習手段や、生徒の発育・発達の特徴についての知識、各種目ごとの学習指導の工夫など。競技スポーツの普及・強化を目指す。　1619円

柔道実技指導のヒント　初心者・生徒を安全に指導するために
尾形敬史・小俣幸嗣（著）
学校教育、教室・クラブの指導者必携。指導の場で直面するさまざまな課題に実践的にアドバイス。すぐ使える指示言語の例も。安全で効果的な指導を目指す。　1200円

臨床スポーツ心理学　アスリートのメンタルサポート
中込四郎（著）
アスリートとしての活躍と、自分らしく生きること。矛盾する課題を抱えた競技者のストレスや困難を臨床スポーツ心理学の立場から支援する。豊富な事例つき。　3400円

ゆるみ筋&こわばり筋のコンディショニング
ゆがみを正せば痛みは消える
中村好男（監修）／矢野史也（著）
偏った動作の繰り返しで形成されるゆるみ筋とこわばり筋。ゆがみの原因を探りバランスを回復。運動能力の向上，凝りや痛みの緩和，動きやすい体を目指す。　2190円

スポーツの歴史と文化　スポーツ史を学ぶ
新井博・榊原浩晃（編著）
スポーツの教師・指導者必携。学習指導要領「体育理論」のテーマを網羅，体育の起源からスポーツ基本法まで。教員採用試験や資格取得の参考書にも。　2200円

価格は本体価格。別途消費税がかかります